一個理專的五個**旅遊**心情故事

The VISION into the eyes

眼睛

TRAVEL

作者
曼玻魚
插畫
張凌綺

2007.4~2009.4

博客思出版社　出版

《眼睛》
2009年曼玻魚送給曼玻魚媽媽的生日禮物

The **Vision** into the eyes...

c · o · n · t · e · n · t · s

5

關於《眼睛》這本書

對我來說：事事達到他人為自己所訂的標準，是生活最大的壓力之一；從小唸書考試一直到現在長大出門上下班都是如此。在保護之下，我已經習慣生活在安逸的魚缸內，我不夠獨立也不夠勇氣，背著包包就能到處流浪。

安逸日子過久了，漸漸地就很沒有冒險、積極或開創性的精神。

想要維持又改變生活的模式，我在旅行找到平衡點。當我發現開始有著想閉著眼睛過日子的無力感時，我就送給自己一趟旅行。一趟旅行的確能令我睜開雙眼，走出窠臼，走向另一個世界。

任何旅行都有其不可取代的意義，習慣跟團旅行的我很佩服喜愛自助旅行的夥伴。旅行對我來說，不管只是單純想出去遊玩或是覺得生活疲憊，只要跟團，我不用花時間找資料規劃路線，吃喝玩樂都有人幫我打點好，可以輕輕鬆鬆地四處遊歷及探訪我所在的地方，跟團旅行是最適合我的方式。

也因此，《眼睛》有別於坊間大多數的旅遊書籍，以自助旅行的角度來介紹遊樂的方式；而是我記錄近兩年跟團到新加坡、北海道、東京、香港越南及荷比盧的五個故事。

旅行是我改變生活模式的方式之一，也算是一種小小的冒險。出去玩一趟，少則四、五天，長則十幾天；我放任我的工作及所有對生活的掛心，鐵了心冒險收拾行李出國去。但這冒險是值得的，轉換環境也轉換心境，在旅行中所獲得新的體驗及想法，可以使我以更新的心情和角度重新審閱自我，得到更多智慧迎接每日不同的挑戰。

有些時候，某些經歷或原因而使我忘了那趟旅行的歡樂及記憶，所以我把我出國的旅行記憶都寫下來，也分享給我身旁的好朋友們。這些文字及圖片能提醒自己在旅行中獲得的體驗及想法；很高興也能開另一扇窗，使閱讀的好友們獲得片刻的休息。也因此，因緣際會出版《眼睛》這本書，希望這本《眼睛》能給和我一樣的上班族，做為放鬆心靈的小品，甚至能喚起深藏在你內心那股亟欲出走與飛翔的心情，累積出走轉換心境的動力！

曼玻魚

跳出魚缸～前往一段新旅程～Play hard～

The Vision into the eyes...

新加坡

新加坡

我並沒有深入探索新加坡的美
但是…光是這四天三夜的淺度之旅
已經足夠讓我忘卻煩惱重整心情
歡歡喜喜的渡過每個日子

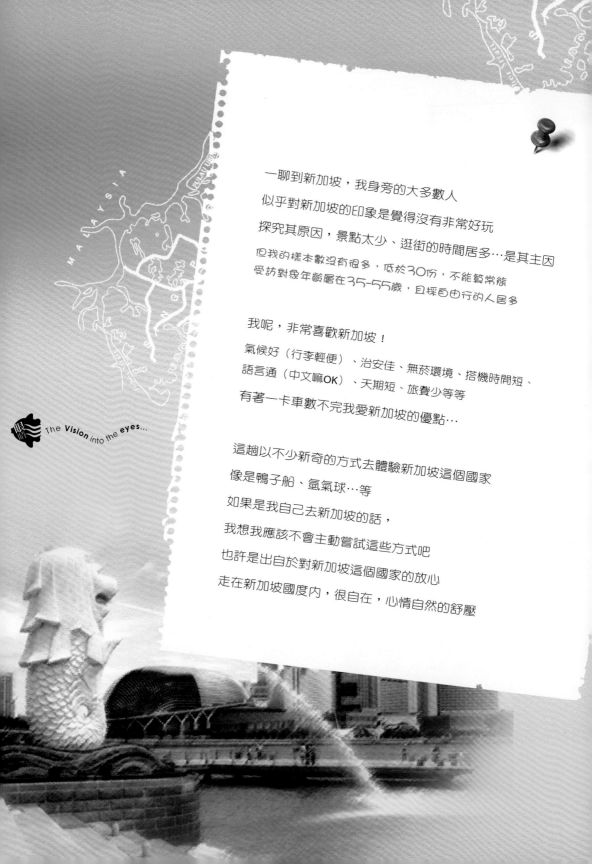

一聊到新加坡，我身旁的大多數人

似乎對新加坡的印象是覺得沒有非常好玩

探究其原因，景點太少、逛街的時間居多…是其主因

但我的樣本數沒有很多，低於３０份，不能算常態

受訪對象年齡屬在３５-５５歲，且採自由行的人居多

我呢，非常喜歡新加坡！

氣候好（行李輕便）、治安佳、無菸環境、搭機時間短、

語言通（中文嘛ＯＫ）、天期短、旅費少等等

有著一卡車數不完我愛新加坡的優點…

The **Vision** into the **eyes**...

這趟以不少新奇的方式去體驗新加坡這個國家

像是鴨子船、氫氣球…等

如果是我自己去新加坡的話，

我想我應該不會主動嘗試這些方式吧

也許是出自於對新加坡這個國家的放心

走在新加坡國度內，很自在，心情自然的舒壓

我並沒有深入探索新加坡的美

但是…光是這四天三夜的淺度之旅

已經足夠讓我忘卻煩惱重整心情

歡歡喜喜的渡過每個日子

我想…這趟旅行能有這樣的效用…

對我來說，已經很足夠了……

13

2007.4.3

Day One

因為要搭九點的飛機
可是我昨天搞定行李都已經半夜兩點了呢
但早晨五點半…我準時起床了喔^-^

七點整就到了**小港機場**
和領隊羅小姐會合進去海關後，就是逛免稅商店的歡樂時間哩！
啊我和我娘的戰利品是兩盒巧克力和一條玉的項鍊

 9:10am

準時起飛…
機上電影居然是讓我有很多感觸的“當幸福來敲門”
真是的…俺還花錢去電影院看了呢～

 The Vision into the eyes...

 11:00am

吃中餐了～我吃雞肉麵
哇～真是超好吃的耶～
兩三下清潔溜溜…

現在到**新加坡機場**了
我坐靠窗的位置，
從上空清楚的看到了新加坡的樣子
好特別的新加坡喔～

★娘惹文化館對面一景

★娘惹文化館的門口

★當地的粿

2:10pm

首先是到**娘惹文化館**

這裡沒什麼好逛的…

能提的就是隔壁的金珠娘惹粽超好吃～

每個人都說讚！

而我這個不太愛吃粽子的傢伙

也只能憑著良心說：是真的很好吃

不過那粽子好小喔～

★金珠娘惹粽

★回教清真寺

★蘇丹皇宮

2:40pm

再坐個20分鐘的車去**甘榜格南**

有著很像阿拉伯神燈屋頂的**回教清真寺**和**蘇丹皇宮**

在這兒，我買了兩瓶礦泉水

用50元新加坡幣大鈔換了很多小面額紙鈔及銅板～高興^0^

之後走一段路去看人家抽阿拉伯水煙

厚…只是為了看人家抽煙，當然也是可以抽啦，但我不想抽嘛

完全沒有嘗試的欲望…

接著坐車去吃印度拉茶和拉餅

不過我另外買了可樂配拉餅

我快渴死了～拉茶是熱的～

話說回來，那個小市場賣的可樂好貴耶～

一罐台灣賣＄25的可樂，

在那邊不知有沒有台幣＄60

★蘇丹皇宮內一景

15

4:45pm

再去**小印度區**

大家都去彩繪 就是在手背或手臂上用顏料畫畫

就只有我和我娘沒去彩繪

事後證明沒有去彩繪是對的，很多人的彩繪很快就弄花了，

看起來髒髒的，要處理反而麻煩…

我們先去逛市集後，立刻躲去有冷氣的地方
我一直以為是5:45分才集合
所以和我娘一直悠哉吃豆花到5:40
原來是玩45分鐘到5:30集合
呵呵～讓大夥擔心了…拍謝拍謝>,<

17:39　　　　　　17:40　　　　　　17:41

晚上吃有名的阿一海鮮，其中有名的就是黑胡椒螃蟹
不過我個人覺得沒有傳說中那樣好吃就是了…

 The Vision into the eyes...

 7:30pm
吃過飯後，來去坐可以升到四十層樓高的**氫氣球**
氫氣球真的好好玩喔！
而且可以繞著氫氣球360度走一圈
當然啦，我娘定住了…
而我是忙著走一圈拍照
那夜景真美
BTW，坐一趟要價新幣23元

之後回到飯店稍微休息後
我和我娘再自己去逛街
逛到10點多才回來
只能說今天的文化之旅…
俺"走"的好累><
我這麼抱怨著，沒想到這只是前戲
後幾天的旅程還有更多的挑戰呢……

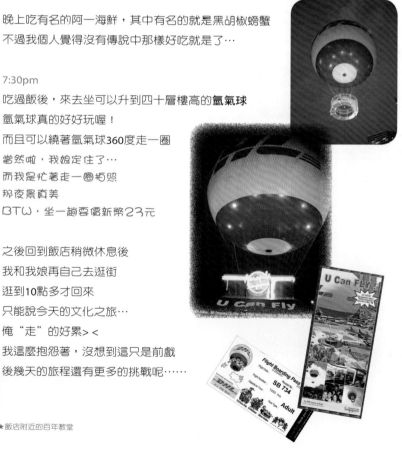

★飯店附近的百年教堂

2007.4.4
Day Two　　　新加坡鬼打牆之旅

9:30am

今天的第一個行程是去**印度廟**
廟的造型真的很特別
老實說…那邊的神像我拍越毛，後來就不拍了～

★印度廟

10:00am

坐車去**讚美廣場**
也沒什麼好看的，就是個結婚的場所
至於什麼哥德式建築，我是不懂啦
倒是在那邊拿了很多免費明信片^-^

★讚美廣場的教堂

★搭乘鴨子船的售票處

10:40am

現在要坐鴨子船 約一小時
鴨子船是這樣的，可在陸上當車子使用也能當做船在河上遊…
我們就是坐這個逛新加坡市區，再開到新加坡河上看景點
注意喔：這是第一次遊新加坡市區
不管從河上陸上你都看得到的魚尾獅、新加坡最高的飯店、
像UFO的高等法院、兩個像大榴槤的藝術中心、
還有昨天才完工的世界第一大摩天輪、百年歷史的教堂…

★新加坡最高飯店　　★最高摩天輪

★氫氣球升空畫面，昨天才去坐喔　　★在鴨子船上拍到的魚尾獅

12:00pm

坐完鴨子船後，我們去看**財富之泉**

這裡聽說是根據風水來的

現在是水全開的狀態

下午我們會再來這裡摸財水

中午吃韓國烤肉和火鍋

之後有45分鐘的自由時間可以逛街瘋狂血拼

這段時間裡我買了一條項鏈和一件Mango的衣服…^^

 3:00pm

再去坐**河馬車** 約一小時

河馬車挺像英國的觀光巴士，和鴨子船一樣有英文版tour guide

★河馬車

the vision into the eyes:::

★鴨子船

注意喔：這是第二次遊新加坡市區…

第二次看到了魚尾獅、新加坡最高的飯店、

像UFO的高等法院、

兩個像大榴槤的藝術中心、還有昨天才完工的

世界第一大摩天輪、百年歷史的教堂…

不過這次多了上億元的別墅區和克拉碼頭就是了

坐完河馬車後就再回到財富之泉這兒來摸財水

下午三點過後，財富之泉會關閉外圍的水，留下中間的泉水

刻意讓人走進去摸財水，還教人如何許願呢

要先許願，再繞池三圈

這時會有人幫你拍照，每張新幣10元

接著再去吃晚餐

是好吃的海南雞飯…

🕐 7:00pm

吃完飯後再殺到**克拉碼頭** 再度準備坐船遊新加坡河，看夜景

沒想到克拉碼頭離我們飯店這麼近耶

克拉碼頭真的好美…

我們一群人在克拉碼頭拍拍照照就坐船去哩

注意喔：這是第三次逛新加坡市區…

第三次看到了魚尾獅、新加坡最高的飯店、像UFO的高等法院

兩個像大榴槤的藝術中心、還有昨天才完工的

世界第一大摩天輪…

★克拉碼頭的其中一間餐館

19

★曼玻魚媽和曼玻魚
在克拉碼頭的合影

★我們即將在克拉碼頭坐的船

★在克拉碼頭搭船的門口

★搭船時拍的夜景

The Vision into the eyes...

有沒有…第二天簡直就是新加坡鬼打牆之旅…
你一直會看到好幾個特定的景點
但是…真的很值得，
我以觀光客的身份…從各個不同的角度來看新加坡
從陸上、水上、早上、晚上…
以及昨天以氫氣球的方式從上空往下看
新加坡真的好美，令人驚嘆連連…

接著我們從克拉碼頭用走的回飯店
今天雖然換了很多交通工具
但其實走路的時間不少…逛街的時間也很多…
居然還要用走的回飯店……
我個人認為今天比昨天還累～腿都快瘸了～
可是好值得喔！

今天回飯店後，無力再出來逛了…
期待明天不要再走了 你想可能嗎…喀喀喀…

★長得像UFO的高等法院及立法院

2007.4.5
Day Three　感動之旅

吃完早餐後9:30am帶著行李集合在飯店一樓
咱們要再出發去找魚尾獅囉

🕘 9:50am
第一站是先給我們照照長得像UFO的**高等法院**和在隔壁的**立法院**
呵呵，真的很像UFO入侵法院的感覺

接著用走的去看全球交易量第四大的**金融區**
那邊也是**舊魚尾獅的家**

10點多之後再往魚尾獅的新家
不過去的時候…居然有警察圍起來了
原來有浮屍出現啦～哇咧～
早先有一團台灣來的12人，沒能看到魚尾獅
後來開始有越來越多的國外觀光客漸漸殺進…
警察只好半開放讓我們進去……

魚尾獅有大的和小的兩隻
我還是比較喜歡大的那一隻…

★長得像榴槤的藝術中心

★金融區

★百年歷史教堂的遠景（也是昨晚在
飯店附近的那間教堂~）

21

接著我們就到了**鑽石工廠**
雖然這邊的寶石和鑽石都是免稅還能再打七折
但也只有走走看看而已…

★印度髮油

★鐵打風濕膏

吃完很一般的台菜午餐後，去逛有名的**永安堂**藥店

下午1點多…
準備到**花葩山**（新加坡第二高山）搭一段空中纜車
接著就乘車進去夢幻的**聖陶沙島**了～

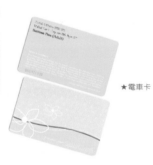

★電車卡

★在花葩山搭空中纜車看到的景色

先讓我插個嘴簡介一下聖陶沙島好哩
這整個島說大不大，說小不小…
有三座高爾夫球場、三個海灘 俺去了一個、
三個主題公園 俺去了英比興這個
有海洋公園、植物園、動物園、蝴蝶館、摩天塔…
還有正在蓋的環球影城和賭場、外加一堆的餐廳有的沒的等等
交通工具有三個路線的巴士（紅、黃、藍免費搭）電車還有計程車等
反正就是很有得玩～^0^

★從花葩山搭空纜看到聖陶沙島的景色，
　有超大隻的魚尾獅及三個海灘

2:30pm

一進入**聖陶沙島**…
到了飯店就看到對面有著一隻超大隻的魚尾獅
那隻魚尾獅可以搭電梯上去到獅頂看風景；
要搭的話，每人要價新幣8元

★4D電影票

我們首先去看了4D的電影

啊什麼是4D咧？

就是3D之外，再加個實境效果吧

例如有海浪的話，你坐在位置上真的有水潑到你

椅子隨著劇情擺動，小動、大動、劇烈動…

螢幕若有鴿子或會飛的動物，會使你感覺就像在你旁邊飛過

以風吹讓頭髮亂了之類的…

然後原本的行程是還要玩斜坡滑車

但因我娘的手在前不久骨折還沒完全好…我和我娘沒玩這個…

抽出時間跑去對面的紀念品店逛逛

喔～超多可愛的東西耶～

我們兩個看好久…一直到羅小姐來找我們才知時間已過半小時了呢…

接著喝一杯冰涼涼的SkyCool

等著坐有50層樓高的摩天塔上去，view好棒喔～

23

15:05

15:18

15:26

繼續再來看**蠟像館**…

剛開始的新加坡歷史真的很不錯看喔

把金色的好運分送給大家…feel good～

這邊的紀念品店更讚耶

但距離集合時間剩不到3分鐘…

下回有空再殺到這裡來！

★包裝紙上的圖案

sentosa
Singapore's Island Resort

後來導遊說他買不到晚上7:40的水舞秀的票

如此一來要8:40分了

那現在才下午5:30，他建議我們回飯店休息

晚上七點再集合去吃飯

時間還有那麼久…我怎麼肯呢～後來我堅持要去西樂索海灘那邊

於是約好了另外的一家四口…

再和導遊討論了個老半天要怎麼搭巴士到那邊…

★西樂索海灘六個字母

我們先坐藍線的公車去…

下站之後，再搭海灘公車去L2目的地

但我們過站坐到L3…接著把鞋脫掉…

喲呼～開始踩著海沙又玩海水的…好高興喔～

唉喲喂呀～我已經很久很久沒踩踩海沙戲水哩

內心真是超感動的～

The Vision into the eyes...

★在西樂索海灘拍到的黃昏景色

玩了一陣子後，邊走回L2準備搭車

到了L2後發現海灘公車的人都好多

只好再用走的回搭公車的地方，準備搭黃線回飯店

我到那邊的7-11…但居然沒有冰水

因為人太多…來不及冰呢

此時的我已經渴到一個境界，狗急跳牆的結果是

我終於搞懂如何投新幣1.5元買罐可樂

好耶～真是涼爽～

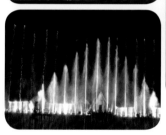

7:00pm

回到飯店剛好趕上大夥兒的集合時間

還幫四個日本旅客照相

我們去吃好吃的火鍋 店名叫天香回味

吃完火鍋後，搭電車去看

這場雷射水舞秀真的很棒耶～讚！

BTW，那水舞秀是在10天前才剛重新登場的喔

這麼嘟嘟好我昨天坐河馬車時拍到了他們的廣告

看完水舞秀再坐電車回飯店

這回我將發生悲慘事件呢> <

★聖陶沙島水舞的廣告

一回到飯店…我突然覺得好渴好渴喔～
打電話問羅小姐附近有沒有什麼可以買水的地方
她說幫我叫RoomService拿冰水來，對方等一下就來
沒想到…那RoomService的人立刻又打來，
以快速的英文pilipala跟我說一堆…
結論就是他們的RoomService只到晚上9:00啦
要我到先前的海灘那邊的7-11買冰水…很遠捏…
結果啊～我娘說要陪我去…
我心想要到附近看有沒有投幣機，結果沒有沒有啦…
而且我只顧著出門忘記帶電車卡…〉〈
嗚～又要回飯店…電梯壞了要爬三樓，上下共六樓〉〈
再搭電車去…
結果7-11並不是24小時的啦
closed…居然只開到晚上10點
所幸我在那邊投幣買飲料過
買了可樂、檸檬茶、後來才發現有綠茶呢
可是～我兩手空空的沒帶袋子哩
那三罐飲料非常非常冰～～～
於是我和我娘就像雜耍團那樣表演滾罐子…
再走回電車站，其實公車站很近，而且我又看到了黃線公車，
但是太晚了我又不敢搭…
只好捨近求遠走回電車站哩〉〈"
千辛萬苦，翻山越嶺的回飯店
終於喝了我的可樂…甜…
我娘喝了檸檬茶…超甜……
再開了綠茶…哇咧～是糖做的吧？？
總之就是一個不解渴啦〉＜
不要再問為什麼不買礦泉水的這件事了
投幣機沒有礦泉水嘛…嗚～

光是去個海邊就走得很累了耶…
現在又為了冰水…
結果我的腿真的瘸了
好累喔～～
這天就在感動與累到一個不行中結束……

The Vision into the eyes...

2007.4.6
Day Four

我們早上10:30才集合
也就是說8:00吃早餐後，有很多時間可以再去玩…

但是我早上起不來咩
又要整理行李…就遲至8:45再吃早餐…
這早餐真是～我只動了薯餅和土司……

★在聖陶沙島內買的纜車鑰匙圈組合

接著衝進好幾個紀念品店
俺老早就計劃好要買的東西了
超高興的買完之後…

★在聖陶沙島內買的纜車

27

Papilionidae

★在聖陶沙島內買的魚尾獅模型

 9:50am

我又買了門票去看**蝴蝶館**，每張票10元新幣

★房間陽台看到的View

 10:25am

趕忙衝回飯店提行李下來集合
呼呼～好加在趕到^-^

接著一行人再搭電車出去聖陶沙島
這個我愛死了的島，下回有機會我一定要再來玩
聖陶沙島外面還有一個好大的新開的Mall
去逛十幾二十分鐘 依舊一堆的LV、Gucci…

 The Vision into the eyes...

就去吃午餐：港式午茶
吃完了午餐後就要回新加坡的**樟宜機場**了

 12:45pm

check in，再逛免稅商店…可以逛到2點整^0^
BTW，我們的行李來的時候是7公斤，回程時居然是12公斤耶…
天啊～這裡的化妝品真的好便宜喔…
只不過我一樣也沒買，這回的預算在聖陶沙島內支出超過太多了啦
未來出國有機會再血拼囉^------------^

這回搭飛機我的心情超好的
加上坐在最後面，一人有兩個位置，空間變大，舒服～
吃飛機餐的時間到了…我又決定再吃雞肉麵…
但這回的雞肉麵和來的時候不一樣
卻一樣的好吃呢～高興高興^0^

回到高雄小港機場上空時
從機窗往下看…看到了之前才剛去坐的夢時代摩天輪…
還有85大樓…長長的中華路…長長的中山路…車水馬龍…
高雄的夜景真是超美的～不輸國外喲～

這四天我和我娘玩得真的是非常的愉快呀～
我的心得是：
新加坡真的很美：
她的城市規劃做得很好，很有特色
也一直不斷的改進再建設…
而且，新加坡人能說好幾種不同的語言
例如我的新加坡籍導遊會說流利英文、中文、廣東話、
一點點台語和馬來語…
這些都是他們保有競爭力的利基
提到這，我也要提醒自己
要努力使自己不斷地進步，擁有屬於自己的獨特價值……

29

★新加坡紙鈔

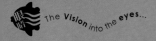
The Vision into the eyes...

HOKKAIDO
北海道
2008.3.31

北海道

北海道…真的很冷很冷
所看到的景色
並不是春天的粉、夏天的紫、秋天的紅和冬天的白
一路上所看到的都是"霜淇淋色"啦

會去北海道真是一場 "意外"

原則上俺不去氣溫低於20度的地方…

好不容易有假有銀兩能去

既然要去日本…有迪士尼又能逛街的東京鐵定是首選…

居然去聽起來就很鄉下又寒冷的北海道那兒

這傢伙鬼上身才會做這個決定吧…

這五天我和我娘真的是玩得非常的感動呀

很感謝能和這個團的每個人有緣一起出發

尤其是導遊李美燕小姐～真是…太厲害了～

美燕姐讓我感受到她對團員的貼心照顧

連帶地讓我好好思考

如何在每件事的環節上處處多點用心

這是此次旅行所多出的一個學習課題

我很謝謝美燕姐，對我日後的工作推展幫助很大

這回去北海道…真的很冷很冷～～～～所看到的景色

並不是春天的粉、夏天的紫、秋天的紅和冬天的白

The Vision into the eyes...

留萌支厅

空知支厅

後志支厅　石狩支厅

檜山支厅　胆振支厅

　　　　　　日高支厅

渡島支厅

留萌支庁

網走支庁

上川支庁

空知支庁

後志支庁　石狩支庁

釧路支

十勝支庁

日高支庁

一路上所看到的都是 "霜淇淋色" 啦

但真的吃的很棒…

這幾天我吃了一堆海鮮+霜淇淋

這五天我就胖了兩公斤哪～～

同時呢

日本人的服務真的很親切

直到我們要回台灣

飛機從帶廣機場準備起飛時

連地面的工作人員都向我們舉手再見外加深深地一鞠躬

在那一刻

我充滿著感動…

因為這幾天來

我在日本接受到的服務是這麼親切、這麼感動…

2008.3.31
Day One

我們的飛機是上午11點05分出發到日本千歲
老實說，我們的飛機要到哪，我是一直到要進登機門的那刻才曉

而我昨天搞定好行李都已經零晨兩點了呢
所以出發的時候有點累
而且…那時還心有不甘想說為什麼我要去北海道這個陌生的地方
又冷又沒風景
所以我連日文都懶得復習…
心情一下子高興　畢竟手機能連續關機個五天也是爽啦
一下子down了下來　覺得自己為什麼這麼衝動決定去北海道
想說幹嘛沒事去冷死自己，連我娘都拖下水了

 11:05am

和美燕姐會合後，接著進去海關哩
免不了要來逛一下免稅商店
結果我和我娘的戰利品是三盒巧克力和兩個Coach包包
好高興喔～兩個Coach包包耶～
曼玻魚有聽老爹的話，不要花太多日幣…
因為…我花很多台幣啦^^

11:05am

準時起飛……

我好愛飛機起飛的感覺

覺得和我現在的人生一樣…起飛中

買了心愛的包包後…

我的心情有好非常的多～

至少這個旅程我有了巧克力和包包

夠了啦…雖然去的地方會很冷…但還有什麼不高興的呢

機上電影是 "鼠來寶"

有三隻花栗鼠的電影

是還挺好笑的啦……

但心裡還是帶著一種莫名的不安感…沒什麼認真看

 12:30pm

吃中餐了

我吃雞肉炒飯

哇～真是超好吃的耶！

兩三下清潔溜溜

快四個小時了，終於到了日本千歲機場了

我從上空清楚地看到北海道千歲的樣子，

看到那樣子…我就更覺得應該不好玩了…

因為只有格子狀的田，還看到雪…不多，但就總覺得又鄉下又冷

 4:10pm

出海關後

大家就立刻拿起外套穿

外面怎麼看就是一個冷字

我的外套是兩件式的GORE-TEX

最重要的裡面厚厚那件放在我娘那兒

35

我想說算了，就只穿外面的那件應該還好…
結果我是同團中穿最少的
不騙大家…真的很冷
但是…我很勇壯…不怕
牙齒忍不住想ㄅㄅㄅㄅㄅ～～～

上了車後，美燕姐立刻就拿起地圖向我們介紹這五天的玩法
現在我也小小的和大家介紹一下
我們的行程是由千歲進，帶廣出
千歲是道西，帶廣那兒是道東
前三天都在道西玩，後兩天在道東

5:00pm
我們到了**支笏湖國家公園**
第一個感覺就只有冷～～～啦
只有一件薄薄的GORE-TEX外衣不夠～～～
途中美燕姐有很詳盡的解釋支笏湖的歷史和環境等等…
但偶忘了差不多哩啦，抱謝
漸漸地邊覺得美邊覺得冷～
我啊…手指快凍僵了～照拍…
但相機…我出門前還充電12小時…
居然只拍個兩三張就出現沒電的訊號了
啊是冷到沒電了嗎？？
結果我就在開機關機中硬是拍了好幾張相片
我強烈覺得是相機冷到壞了

支·笏·湖·國·家·公·園

18:02

18:05

半個小時後上車

有同團的人說現在才1度耶…

爽到了真是…

1度…

我身上只有兩件衣服加牛仔褲…

和一件薄薄的GORE-TEX外衣

19:44 我還活著……

接著我們去吃燒烤吃到飽

超讚～～～

什麼都好好吃喔！！

推薦到了北海道一定要嚐嚐霜淇淋，又濃又香

還有青菜…好脆…包著燒烤的肉…真的好好吃～～～

蛋糕也好棒～～～

我在拿提拉米蘇時，有個日本人用日文問我這是什麼

^^||||

我照著唸ti-ra-mi-su

哈哈哈…我的長相果然有像日本人耶……

The Vision into the eyes...

等我們吃得飽飽的

到了香檳城堡飯店…

這家洋式飯店很美喔，有個可以結婚的教堂

http://www.gateauxkingdom.com

★教堂一景／本圖取自香檳城堡飯店網站

今天好累喔

就一個莫名的累

我洗了澡之後在房間看電視

還看到小淳主持的節目，和濱崎步唱歌

邊看邊啃我的蜜蘋果…

我怎麼覺得這顆蘋果愈啃愈大顆勒

一直吃不完

原本想和我娘聊個幾句的…

但我睡著了還打嗝哩^^

這是我在北海道的第一天…謹遵父訓……

晏玻魚爹：不要花太多日幣喔

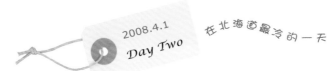
2008.4.1
Day Two
在北海道最冷的一天

下列時間都是以日本當地時間來看嘿
日本的時間快我們台灣一個小時

 8:00am
首先我們要去**北一硝子館**和**小樽音樂館**
坐車途中見識了美燕姐的功力之深厚
幸好有她解悶……
啊不然沿途的風景灰灰的，沒什麼特別好看的
今天風大，浪花很多；途經的日本海很美喲～

北一ヴェネツィア美術館

09:00

09:17

09:20

★往硝子館時看到的景色，
沿途的風景都是灰灰的

所謂的北一硝子館有三個館，
依位置分為一號館，五號館和三號館
一號館是一些精品玻璃，大部份都是義大利的玻璃製品
五號館是一些家用玻璃，例如筷子、杯子、碗等等
三號館的話，有點忘記了，總之也都是貴鬆鬆的玻璃就是哩

★喝咖啡的地方有隻大熊，
我娘和大熊的合照.

9:30am

逛街之前我們先去喝咖啡
美燕姐把我們分組，一些人去佔喝咖啡的位置
一些人則是跟她去音樂館拿巧克力

要去音樂館等紅燈時，真的好冷好冷～～
牙齒又忍不住想ㄌㄌㄌㄌㄌ了啦～
這回我可是GORE-TEX兩件都有穿了捏
騙人的啦…哪有什麼零下20度都保暖…
現在0度我都冷個半死…ㄌㄌㄌㄌㄌ～～～

★小樽音樂館外的大鐘

{ 小·樽·音·樂·館 }

音樂館好美喔
有點小擔心自己的外套碰到音樂盒摔壞，小心翼翼地走過…
回到喝咖啡的地方…
哇塞…怎麼會有一堆Kitty貓勒

和這邊的FU粉不搭耶
我喝的是冰紅茶，我娘喝的是熱紅茶；
兩種杯子不一樣…但都可以洗乾淨帶走

 9:50am
我跟我娘回到音樂館逛逛
有好多音樂盒我都好想買喔
我喜歡貓頭鷹，這邊有超可愛的貓頭鷹音樂盒

但是我娘不給我買啦…算了…啊我也沒有一定非買不可>＜
所以曼玻魚很難得進去一個地方沒買東西出來…

當我在看一個鐘型的音樂盒時
有個香港人講著廣東話一直啐啐唸…
好玩的是我聽得懂她在啐啐唸什麼耶
但後來我越來越覺得她是在和我說話…
因為…她到後來看著我指著那音樂盒
呵呵…她認錯人了啦…
原來我也像香港人啊…^^|||
我怎麼沒去大眾銀行上班咧？我是大眾臉嘛^0^

★音樂館內的音樂盒造型目不暇給，
　這是曼波魚最喜歡的貓頭鷹造型音樂盒

從硝子館要到咖啡館及音樂館途中
會有賣巧克力的店員拿巧克力請大家試吃…真的很好吃喔！

★這裡有讓人試吃的好吃巧克力

11:06

11:07

11:14

接著我和我娘去逛那三個硝子館
因為不斷有陣陣的大風吹來…真的很冷…不太想逛街的說
誰說日本沒有風的啦…ㄅㄅㄅㄅㄅ～～～
美燕姐推薦如果要買東西的話，可以買玻璃筆
而且她覺得第一館的玻璃筆比較好寫
原本我是打算就在此買玻璃筆回去分送各位
但實際看了價格後…呵呵…
忘了玻璃筆這件事吧

中途有些店，有賣烤螃蟹烤干貝、也有賣餅乾、還有干貝糖
但我也都沒買耶…嘴裡滴沽著說人家現在到第二天中午了
都還沒花到半毛日幣…
我娘真是非常的遵守她老公的話耶…一直阻止我買東西>＜

厚呦…相機又沒電了啦…昏倒…啊昨天也有充電的啊…
現在才中午耶…下午怎麼辦>＜
總之我和我娘一路冷回遊覽車那邊…
冷～ㄅㄅㄅㄅㄅ～～風好大～～～

★音樂館外的郵局

43

★有名的小樽運河，
　到此一遊都要拍的一張經典照

 12:30pm

接著到有名景點**小樽運河**
我們在這邊停留了20分鐘照相
我的相機就在沒電中開開停停…
硬是讓我拍了幾張^^|||

12:23

The Vision into the eyes...

12:24

12:31

午餐吃小火鍋定食
這個小火鍋內的螃蟹肉沒有想像中的好吃
但是有個一定要介紹的就是烤魚
這個烤魚超好吃的…
這是我生平第一次把整隻魚都吃光光耶
樓下是在賣東西的商店
我看到了上回客戶去北海道買回來送給我的蘋果糖

然後我看到了一隻很像青蛙的東西
打從我逛音樂館以來就看到的青蛙，
而且還模仿我最愛的軍曹來個一樣的爆炸頭
忍不住問美燕姐這是什麼？
這不是青蛙，是一種綠藻：
只是把它卡通化而已，它叫マリモ

★順利收集到男女生版的マリモ

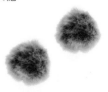

之後坐了約莫兩小時的車程…

15:05

15:18

15:26

 3:50pm

到了羊蹄湧水吹出公園

爆冷的，風之大…我娘的臉頰和鼻子都變成紅色的了

後來隔天美燕姐說，原來我們在羊蹄吹出公園時，

道東下暴風雪，整個交通都癱瘓了

在四月還有暴風雪真是難得耶…

難怪我們覺得超冷的…

現在咱們到了這標高1898公尺的羊蹄山

　"傳說山上純白的積雪，

　　經遇百年火山石岩土壤的滲透，

　　傳聞每天生飲一杯可長生不老，

　　養顏美容的湧泉口…"

★下午往羊蹄公園，一路上就是這樣白白的一片

★羊蹄公園的湧泉口美容水

連美燕姐都說沒辦法久遊…因為太冷了…
連下雪都沒這麼冷…風～～很～～大～～ㄅㄅㄅㄅㄅ～～～
我的相機沒電的燈不斷亮起…不斷的自動關機…
我的右手沒戴手套　因為要照相
冷到我的手不知有幾隻手指頭…
我娘居然還能喝那冰冷到不行的泉水…還喝很多是怎樣
娘…喝這幾口不會美容到哪的啦…哇咧
上車後美燕姐說…目前是零度……

這回真的是太冷了
就在我們一上車時，美燕姐立刻遞上一杯熱茶給我們…
啊～在冷冷的天氣下，來杯熱茶真的很舒服～～
但熱茶哪來的？
原來是美燕姐情商司機準備的
此外，只要我們下車遊玩時感到很冷
一上車就會有熱茶喝…
哇…真的"就甘心"耶～

 *The Vision into the eyes...*

 5:50pm
我們到了洞爺湖萬世閣吃晚餐加住宿
http://www.toyamanseikaku.jp
晚餐沒什麼特別好說的，倒是飯店外面就是洞爺湖…很美～
有著長得和富士山很像的羊蹄山…
而且飯店外不到300公尺就有一個7-11
我在這個7-11終於使用了日幣…一共￥1,525
我買了一瓶水、一瓶綠茶、兩杯洋芋片、一包烤魷魚絲、
一包巧克力、一個麵包、一包蝦餅
　　　　幹嘛買那麼多東西勒…
　　　　人家想說一起把後面幾天行程想吃的都買一買嘛
　　　　每次一坐車就好久…可以吃點東西…^^

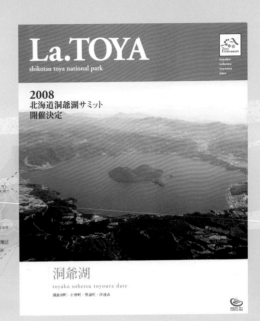

La.TOYA
shikotsu toya national park

2008
北海道洞爺湖サミット
開催決定

洞爺湖
toyako sobetsu toyoura date

洞爺湖町・壮瞥町・豊浦町・伊達市

這個飯店晚上9點有在玩Bingo

在晚餐時會有人來賣賓果券

我沒參加的原因是…俺今年尾牙時不知玩幾次了

早早睡覺去…

今天是在北海道的第二天了

感覺就是很鄉下…又冷…

另外就是車程很久…

雖然車程久，但我在車上除了睡之外

也有思考一些東西：我的生活、我的工作、我的未來…

殊不知從明天開始正是這北海道之旅最棒的旅行～

2008.4.2

Day Three

8:00pm

離開飯店時，美燕姐昨天和大夥兒有玩bingo…

得到了一個薰衣草枕頭

所以她連夜做了27個籤，要把這個禮物送給幸運兒

結果…這個幸運兒是我娘耶

哇…好高興喔… 抱一下抱一下～

★在飯店內拍的照片：洞爺湖

★在飯店內拍的照片：
長得和富士山有點像的羊蹄山

8:30am

第一站是屬於支笏洞爺國立公園的**昭和新山**

她特別的地方就是在日本昭和的不知哪一年　我忘了

因為附近的火山爆發，自己形成的一座山

這邊聽說最出名的是馬油和熊罐頭

我在昭和新山沒看到熊罐頭…

★ 昭和新山旁的硝子館

這邊也有硝子館

個人覺得這邊的玻璃比昨天看的玻璃美很多

並不是這邊的硝子館送每人一支玻璃花

我才這麼說的喔

我到硝子館買了マリモ的男生版原子筆

如果近看的話，咳咳…有點A耶……

後來我忍不住再買三朵用玻璃做的玫瑰花

我那時沒看清楚價格，如果我看清楚的話，大概就不會帶回這花了

因為我看到的是花的價格，而我以為是花和花瓶的價格

所以有時朦朧也是一種美啦

接著再看昭和新山由來的中文版影片

我們這團的感情在昭和新山發芽……

對了，今天的天氣沒有那麼～冷了

★ 昭和新山

★ 昭和新山是屬於支笏洞爺國家公園

49

🕘 9:30am

現在我們離開了昭和新山

準備前往**登別**…參觀一下也是屬於支笏洞爺國立公園的**地獄谷**

今天的天氣好很多，所以途中拍的照片比較沒那麼灰暗

09:55

09:55

09:59

★ 曼波魚和曼波魚媽媽及美燕姐的合照

 10:25am

一看到很大很大的赤鬼，就知道我們已經到了**登別**這個地方
車子再開沒多久，我們就到了**地獄谷**了
這裡啊，有著向祂祈求身體健康非常靈驗的藥師如來菩薩
因為地獄谷是火山爆發由融岩所形成的谷地
灰白和褐色的岩層加上許多地熱自底噴出
形成特殊火山地形景觀，
所以這邊的硫磺味很重…

 The Vision into the eyes...

★ 登別地獄谷內的藥師如來菩薩

★ 他們這邊的廁所，女生用赤鬼，男生用青鬼的
　可愛圖片…超可愛的～

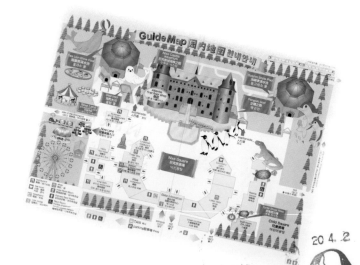

🕚 11:10am

我們到了**海洋公園尼克斯**去吃午餐和看表演

吃午餐之前先看了海獅表演

這邊吃到飽的午餐最值得一提的就是烏龍麵超好吃的…

我吃了很多烏龍麵，豬肉也很好吃

吃完午餐後，我和我娘再吃個霜淇淋

這邊的霜淇淋很貴￥300

昨天我們去音樂館那邊的霜淇淋一支￥100

但不管了啦…出門還要看價錢咩…

吃完熱熱的火鍋後，一定要來一支霜淇淋才行

🕐 1:20pm

吃飽喝足之後

我們參觀四層樓高的水族館，這邊有所謂的 "海底隧道"

可是…海底隧道很小…

★尼克斯海洋公園內一景

The Vision into the eyes...

🕑 2:00pm
我們排隊看下午兩點開場的企鵝遊行，接著再看海豚表演
er…雖然海豚很聰明…但這表演有點無趣的說
辛苦這些動物們了

🕒 3:00pm
我們要去**北海道神宮**
車程大約一個多小時吧
再度睡著…

🕓 4:20pm
到了神宮誠心誠意地拜拜之後，
我也買了一些紀念品
為了橘色和白色有什麼分別…
我再度使用不流利的日文發問
真是一個神奇，在沒有助詞的狀況下…
能溝通耶～～

★在北海道神宮買的交通御守

★神宮前要洗手的地方

★大倉山電梯

★從大倉山往下看札幌市景

53

★大倉山滑雪場

🕐 5:00pm

神宮大門在鐘聲中準時關門了
我們在神宮外圍晃沒多久就要往**大倉山滑雪場**去
聽說這裡的滑雪場是奧運指定場所
到了之後，要搭乘很高的電梯上去…
這個滑雪場很高耶～感覺如果比賽時
從上面摔倒的話應該會很慘吧…
同時，在這裡我看到了札幌市區的樣貌哩

17:54

17:55

 5:30pm

再見了大倉山…

接著我們去參觀北海道的**札幌市政府**

哇喔～市區好熱鬧喲～～

也看到好幾個OL穿的服裝很美

什麼時候我也會變成一個有自信又穿得美美的OL呢？

18:23　　　　　　　　20:04　　　　　　　　20:07

現在就是螃蟹吃到飽的時間囉
這間有點像lounge bar那樣的店
原本還以為會在日式飯店內盤著腿吃螃蟹
但我反而更愛這種氣氛…
美燕姐教了我們最重要的兩個字 "追加"
呵呵…就是要追加螃蟹、青菜和飯的

18:42   18:43

這邊好吃的不只螃蟹，干貝和豬肉我也吃了不少
青菜仍是非常的甜脆…讚讚讚
這一餐…是我們這團感情最棒的時候
現在的我…覺得好幸福好幸福喔

這裡夜景美的街景其實只有幾段路，
像是百貨公司都只開到晚上6:30左右
夜市當然就不用想了，一定沒有
除了一些居酒屋或是餐廳之外，幾乎都嘛早早休息去

在歡樂的螃蟹吃到飽之後
今晚我們住宿的地方是**札幌喜來登飯店**
這個飯店裡的房間比較小，但設備比前兩天的來得棒耶
http://www.sheraton-sapporo.com
充滿感動的第三天就這麼的結束了
今天逛了很多景點，也坐了很久的車
到了飯店時…覺得又飽又累的
就剩下兩天了…有點想待久一點的說^^

2008.4.3
Day Four

★喜來登飯店大廳內的櫻花

 8:00am

今天上午的行程
是先去免稅商店後
再到大通公園及下面的地下街
然後再逛逛百貨公司及藥妝店

免稅商店沒什麼好逛的
就是藥和珍珠為主

 11:00am

之後的藥妝店我個人也沒什麼興趣
感覺我不太像同團的年輕人就是了
對啦對啦…我走的是老成風^^

The Vision into the eyes...

早早就帶著我娘離開藥妝店去逛地下街
地下街也沒什麼特別好說的
倒是北洋銀行有個櫥窗超可愛，擺滿了可愛的玩偶

★地下街北洋銀行的可愛玩偶

接著我和我娘就來逛**今井丸井百貨**

先買兩個紅豆餅吃吃…再到超市買草莓

哇～超棒的～～

🕐 11:55am

離我們集合的時間12點30分還有半小時左右

經過**大通公園**，看到了鐵塔似乎有電梯耶…走近一瞧～

於是乎，我花了￥1,400買了兩張電梯券到鐵塔的頂端參觀

看完的結論就是…如果晚上來看夜景會更好

中午吃的是定食吃到飽

這邊的每樣東西都好好吃喔～

我的天啊…我在這幾天吃超多的……

我真的有種上班後制服極有可能塞不下的感覺耶

來不及吃完，還延長了半小時才上車

我們接下來會坐很久的車

因為要從道東→道西

才一吃完就坐很久…我鐵定肥腫的啦～～

★從鐵塔頂端眺望大通公園

57

15:52　　　　　　　　　　16:03　　　　　　　　　　16:04

 4:30pm
開車開了兩個多小時…
我們中途到了**占冠村**上洗手間
在這邊我看到傳說中的熊罐頭了
居然還有分醬油和味噌口味的^^||||

★很有禪味的十勝第一旅館

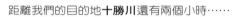

距離我們的目的地**十勝川**還有兩個小時……

 6:00pm
千辛萬苦坐了好久的車…
終於到達這間在**十勝川**旁的**十勝第一旅館**
http://www.daiichihotel.com
這間旅館好棒好棒喔
一定要跟各位好好地介紹這間旅館

這間旅館很有禪味，視野也很棒；
每個服務人員胸前都會戴一個 "親切" 的胸章
不騙大家…他們真的很親切

★從房間陽台拍的夜景

晚餐好好吃…

但是真的有點吃不下了……

而且美燕姐還送大家每人一個蛋糕和蘋果

太飽太飽哩啦,我真是太感動了

還有這邊的溫泉…是出了名的美人湯

對了…大家應該都有注意到我好像不斷的忽略溫泉這兩個字吧

唉…那是因為從第一天到現在的十勝美人湯的溫泉…

都是得裸泡啦…不能帶毛巾泡湯的…我～我～我害羞沒辦法泡啦〉〈

而且…房間內有著很棒的音響,放上兩片森林CD…啊～很放鬆耶～

這是我們在北海道的最後一個晚上了,又在這麼棒的旅館下榻:

在這裡,我還找到マリモ的女生版原子筆

真的太棒了^--^

今天的車程很久

我們大概坐了四、五個小時的車吧

路上還有一點前兩天道東暴風雪的痕跡

一路上整個車程的景色都是白白的雪、灰灰黑黑的山…

其實,也是別有一番景致……

除了睡覺之外,

我整理了前幾天坐車時的思緒

得到的第一個結論:

就是俺要想辦法提升自己的生活品質!

不要讓自己在累什麼,在忙什麼都不知道…

明天就要回台灣了耶

心情突然複雜了起來……

2008.4.4
Day Five

一早在十勝第一的早餐也吃得很好
吃完後我們一起在外面照相

The Vision into the eyes...

 9:00am
除了第三天晚上住的喜來登飯店以外
所有的旅館都會在我們離開時不斷的招手說再見～
直到他們看不到我們的車才會作罷
招手時間真的很久喔…超好笑的…真是太有禮貌了
而十勝第一出來招手的人就更多了
有五個人耶…不斷的招手bye-bye…感到很窩心……

 9:10am
出發去看花鐘
在這邊啊,我們照了好多張團體照
至少有20台相機咩…
不知喊七、喊C、喊E幾次了,笑到都僵了
這是我們第二次照團體照了
怎麼這團的感情會這樣好呢?
我覺得美燕姐是個很重要的靈魂人物

🕙 10:00am

接著美燕姐帶我們去六花亭

她請我們喝咖啡吃泡芙

這泡芙，超讚的啦…

順帶一提，昨兒個十勝第一旅館也請我們吃六花亭的餅乾

但是我太飽了，把餅乾帶回台灣吃後才發現真的好好吃喔

如果我在那晚就吃了這餅乾的話

我一定會在六花亭把這個餅乾買回來！！

在六花亭吃吃喝喝結束後
我們去逛對面的**FUJIMARU百貨公司**
我在一樓買了一隻超可愛的大象
是俺考慮很久才買的⋯愛死它哩～

在二樓看到兩件衣服超有設計感的，很時髦喔～
而且那店員沒發現我不是日本人的說
她嘰哩咕嚕的說一堆話，大致上我懂了她的意思⋯
因為她邊介紹邊指著衣服⋯呵呵⋯俺瞭俺瞭
那件襯衫約￥30,000多，而套頭毛衣約￥20,000⋯買不起哩⋯
所以偶用日文講了一句真美呀就閃人了
我講真美呀的當下，那店員還以為我要買^^||||

The Vision into the eyes...

中午又是燒烤吃到飽哩啦⋯
為什麼都安排吃到飽的方式呢～
又是超好吃的一頓，真是害死人不償命⋯⋯
我·真·的·有·夠·飽·的·啦
真的好好吃喔⋯　大滿足ing^-^

🕐 1:50pm
接著再去逛燒烤店旁的超市藥妝店
在這間超市藥妝店引起買仙貝大騷動
有個同團的人，她一直在找她同事
在新光三越買到的仙貝
總算讓她在第五天的超市買到了
結果她一買⋯一堆人跟著買⋯

吃完這該死的吃到飽後
等一會兒就能下車參觀幸福車站

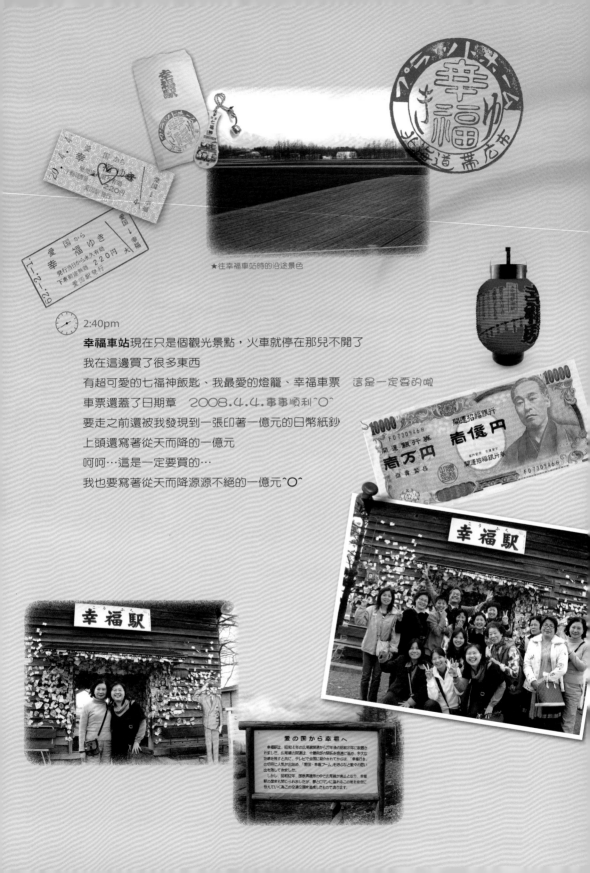

★往幸福車站時的沿途景色

2:40pm

幸福車站現在只是個觀光景點，火車就停在那兒不開了

我在這邊買了很多東西

有超可愛的七福神飯匙、我最愛的燈籠、幸福車票　這是一定要的啦

車票還蓋了日期章　2008.4.4.事事順利^O^

要走之前還被我發現到一張印著一億元的日幣紙鈔

上頭還寫著從天而降的一億元

呵呵…這是一定要買的…

我也要寫著從天而降源源不絕的一億元^O^

現在到了**帶廣機場**

這是地區型機場，但可國際化使用。

🕐 4:10pm
在2樓這邊有超可愛的圖片
是機場教大家共同的手語："我愛你"的比法

從帶廣回台灣
要坐4個小時又50分的時間，好久喔～
今天我們提早30分鐘起飛
在飛機上我買了來北海道時訂的USB組合
之後就一個猛睡
偶而起來看一下窗外的景色
黃昏的雲海很美

🕘 9:00pm

回到高雄小港機場上空時

從機窗往下看，我看到了熟悉的高雄夜景…

65

這五天我玩的非常的高興

唯一美中不足的就是一直沒有時間

和我娘好好的聊個天

因為都是我先睡著了^^

好棒喔

真的很興奮有機會到這邊

很高興幸好我陰錯陽差決定到北海道

認識這麼多的人和吃了這麼多的好料…

我真是太幸福哩啦^------^

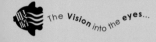
The **Vision** into the **eyes**...

TOKYO
東京
2008.8.8

東京

我已經從東京遊玩回來了
真·的·好·好·玩·喔
很高興自己做了正確的決定
覺得回國之後的我，心情更開朗輕鬆
充分享受到渡假的歡樂及喜悅

這一回去東京玩…

我從決定到出發的這一個月來

就像拿著玫瑰花瓣數著「他愛我」「他不愛我」一樣

每天就「好期待喔」「沒什麼好期待的」心情反覆來反覆去

再加上…

有些事讓我沒那～麼期待…

例1‧第五天自由行

要去東京前，我比較了幾間旅行社的行程

結果…第五天都是自由行

我個人對於自由行是非常的不喜歡

但我想，考慮太多的話，就永遠去不成…那就去吧！

例2‧日本的中元節假期

好不容易下定決心請了假加上付團費

就在要刷卡付團費之際…

才發現我出發的日期剛好是日本中元節假期的開始

要有可能會降低遊玩品質的心理準備>＜

例3・農曆七月

在我決定要去東京玩的時候

已經有太多奇奇怪怪的小事讓我煩心

完全沒發覺到我要玩的時候已經是農曆七月了哩

農曆七月

在民俗上來說是個有很多禁忌的神秘月份

這種事，有的人信，有的人不信

恰巧…膽小的我…相信～～～><"

可是…團費都付了…

不管了…我決定拋開一切的考慮和擔心

準備去東京玩樂了～～～

現在…

我已經從東京遊玩回來了

真・的・好・好・玩・喔～～～

很高興自己做了正確的決定

覺得回國之後的我，心情更開朗輕鬆

充分享受到渡假的歡樂及喜悅…

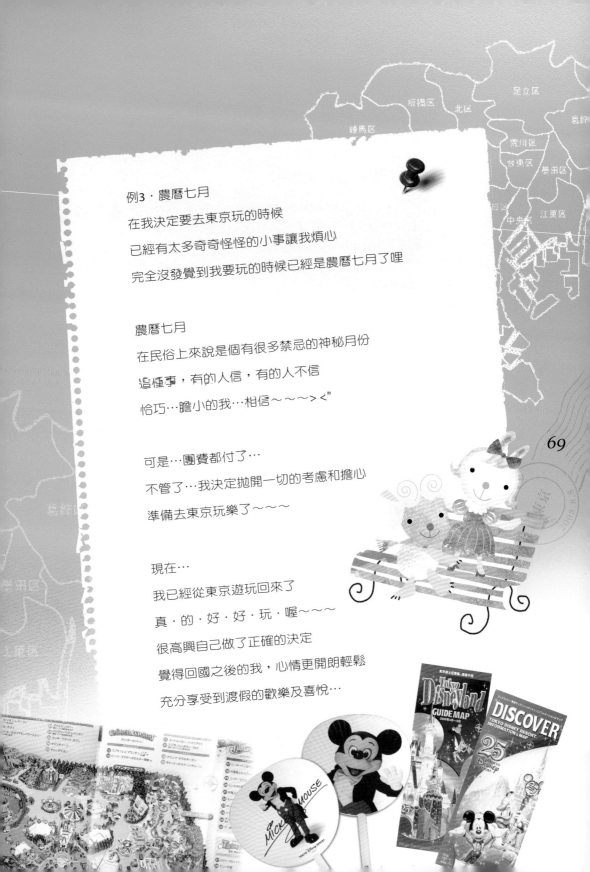

2008.8.8
Day One

今天是搭8點55分起飛到**成田機場**的JAL班機
平日就算要上班,也都嘛睡到7點半才起床…
今天要早起床,對我來說真是一件很痛苦的事
邊嘀咕的狀況下,我和我娘還是很驚險的剛好趕在7點整到了機場

🕗 8:00am

集合時間過久…導致我最愛逛的duty free時間被壓縮了…
距離我們的登機時間也不到半小時了
雖是如此,我依舊買到了喜歡的物品…哇哈哈哈^0^

首先,意外的在化妝品區發現有我常用的唇蜜
呵呵,比百貨公司少個100元耶,當下就買個四條
可以玩一次抽獎,抽到了握在手裡的那種涼風扇
後來剩沒多少時間了
卻又讓我看到MontBlanc的一個白色名片夾
啊～～趁我娘到洗手間時,"當機立斷"的決定買下來好了
再度地可以玩一次抽獎,抽到了聽說算是大獎之一的"沙灘組"^^|||||
最後又趕快到巧克力區買了我最愛的巧克力

起飛後沒多久,飛機餐送來了
我嚇了一跳,怎麼這麼快現在才十點而已耶??
因為我和我娘不吃牛肉,所以空姐先把非牛肉餐和兒童餐送過來
老實說…我覺得這個飛機餐不好吃…
事後證明…現在只是不好吃而已…因為回程的飛機餐…請等回程的遊記
所以我早早就解決完畢了
瞇一會兒後,12點就到了成田機場了
現在已經是日本時間下午1點了

下了飛機還沒到海關前
有個地方寫著Welcome to Japan！
附近有個洗手間
在等待其他人上廁所的同時
這個地方頓時成了熱門的拍照景點
等我拍完後也覺得很好笑
只能說觀光客愛拍照的威力十足呀

★莫名熱門的拍照景點

14:12

14:12

14:13

 2:20pm

現在要往我們第一個行程邁進
未塞車狀況下，車程大約一個半小時
領隊阿東開始介紹行程沒多久
總之就是覺得很熱…感覺就是沒有冷氣的樣子
才在想很熱的當下，有人反應說是冷氣壞了吧？
一開始阿東還不以為意，認為是剛搭車的關係
又過了15分鐘…
內心的OS：是這樣嗎？已經很久了耶…還是熱…
後來阿東就開始猛打電話，又和司機討論
結論就是我們要中途換車，先到最近的一個休息站
新的車子在30分鐘內會到達
也就是說，我們會delay30分鐘啦…
所以我們休息的同時，可以愛喝什麼都由阿東付錢錢

後來，阿東又把我們叫回原本的遊覽車
好像有涼很多了～因為要接我們的那台遊覽車塞在路上…

 5:00pm

在一陣子熱…一陣子涼的車子裡

首先呢，我們要搭**愛之船遊輪皇家號**吃晚餐並欣賞橫濱港的景色

http://www.royalwing.co.jp

裡面的餐點有點像是飲茶那種感覺

也有電子琴和小提琴的伴奏，但時間沒有很久

我覺得聽得好辛苦，尤其是電子琴…

都沒有放入情感去彈，音符只是音符…感覺很吵…

 5:50pm

吃飽飯後，和我娘一起走到甲板那邊找個位置坐著

面對橫檳港吹吹風

有好一陣子我們手牽著手沒有說話，靜靜地看著風景

那時我的心情好平靜，好輕鬆；

整個腦子裡都是空白的，沒有思緒…我好enjoy這樣的感覺

後來甲板上的人群比較多了

開始和我娘聊些有的沒的

啊～～～好久沒有像這樣愜意地和我娘隨意的聊聊些什麼了

這種愜意就是我要的感覺

整個人大舒壓…超讚的啦

★橫檳港一景，望過去的寬廣及
　徐徐的涼風令人感到舒服

★橫檳港一景，太陽漸漸西下

★惬意的母女倆

 6:50pm
要下船之前逛逛禮品店，
發現到哪裡都有kitty貓的蹤跡…

 7:20pm
接著心情愉快地來到了由舊倉庫改建成的 **紅磚赤瓦倉庫**
http://www.yokohama-akarenga.jp/

因為日本先前有鎖國政策，從開放到現在已經有150周年了
現在日本人反而很感謝鎖國政策的解禁
而橫濱算是當時外國人比較多的地方…
沿路上都會看到慶祝150周年的字樣

紅磚倉庫有點像是先前去的小樽那樣
也都是由倉庫再改為觀光景點的
分有一號館和二號館
我們逛的是二號館，一共有三樓
在這邊逛了快一小時
裡面都是一些衣服、精品、家具等等
比較值得逛的是二樓…
裡面有好多有創意的小東西，像是文具、電腦週邊用品…
不過我都忍下來了…沒有亂花錢…

★紅磚赤瓦倉庫

★日本摩天輪很多耶！
這是我在東京看的第一個，就在紅磚赤瓦倉庫對面

8:00pm

前往今天要住的**東京希爾頓飯店hiltontokyobay.jp**

車程大約要一個小時

剛好回到飯店9點多一些，趕得上看奧運開幕

才剛下車而已，就立刻看到米老鼠造型的公車

真的是米老鼠造型的車喔，不是在車子兩旁貼個米老鼠就算了

超可愛超可愛的啦……

米老鼠公車就是飯店到最近地鐵站的接駁車，大約5至10分鐘一班

今晚和明晚一共兩個晚上，我們都是住在希爾頓飯店的3樓

電梯門才一開…

天～～啊！！！！

超可愛的啦……我快哭了～～～

邊走到房間，邊感動…

每個房門都有動物圖案…我房門是雞的圖案

怎麼會這麼可愛呀…

忍不住趕快進去房間…

一開燈……

天～～～啊！！！！！

這個房間也太可愛了吧～～～

★超可愛的房門

★房門卡片

★連衣櫃也有圖案

★床上還擺著一隻青蛙給房客玩

我和我娘雖然是兩個人，但住的是三人房
後來問了其他人，好像三樓的都是三人房
我才剛放下行李…忍不住立刻脫了鞋子
從第一個床跳到第二個床…第二個床跳到第三個床
在三個床之間跳來跳去的……
不知道我有多久沒有像這樣這麼高興的在床上跳來跳去了
好高興好高興喔……

趁我娘去洗澡的同時…
打開電視看看奧運的開幕…
轉台發現居然有介紹迪士尼樂園的專屬頻道耶…
我可是很認真的在看這個頻道喔…
畢竟明天一大早就要去玩了
好棒好棒……

今天晚上的我……真是太感動了 大哭泣ing
但是…明天還有更令人感動的迪士尼樂園等著我呀^-------------^

2008.8.9　Dream again之旅
Day Two

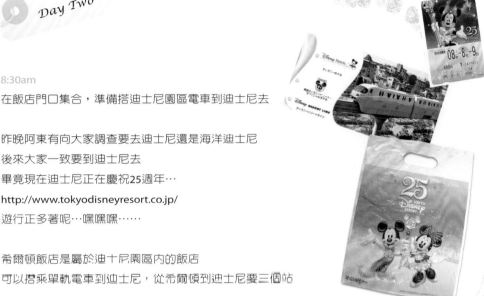

🕐 8:30am

在飯店門口集合，準備搭迪士尼園區電車到迪士尼去

昨晚阿東有向大家調查要去迪士尼還是海洋迪士尼
後來大家一致要到迪士尼去
畢竟現在迪士尼正在慶祝25週年…
http://www.tokyodisneyresort.co.jp/
遊行正多著呢…嘿嘿嘿……

希爾頓飯店是屬於迪士尼園區內的飯店
可以搭乘單軌電車到迪士尼，從希爾頓到迪士尼要三個站

77

到了迪士尼門口，阿東先去買票…還沒入園就有商店…
商店裡面的東西都好可愛喔…
忍住忍住…等一下就要進去迪士尼了
差一點就要在此大失血的說

早早在我要來迪士尼之前…
我就已經研究好要怎麼玩迪士尼了
「機會是給準備好的人」…
er…我知道這句不是用在這個地方啦
但總之，我很肯定我不會在這邊太浪費時間

在台灣的我…原本的計劃如下：
因為不想排隊等午餐和晚餐
所以入園時先到有採取優先入席制的**北齋餐廳**Restaurant Hokusai

這間店名取自19世紀末名畫家北齋的餐廳
是園內唯一的日本料理店，有天婦羅、蓋飯等日式套餐
我預計是在12:00pm至1:00pm之間用餐

再到也是採優先入席制的藍海灣餐廳Blue Bayou Restaurant
這間是有著19世紀中葉的風格，是個法國菜餐廳；
預計在5:30pm至7:30pm之間用餐。
接著4:00pm、8:05pm和9:05pm各有一場遊行和秀
也就是說，從下午3:30之後
因為要看遊行就幾乎沒有時間逛迪士尼了。

有了一整套的計劃之後…
有句話說「計劃改不上變化」
進了園區之後就和我的計劃不太一樣的說
原本要訂的北齋要到早上10:30後才開始訂位…
而我進園的時間是9點多，
誰還有時間再回到北齋訂位勒…
而且…我看了地圖這麼久…一進去園區還是有點生疏的說
所以也只能邊走邊計劃好了

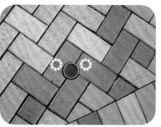

★連地上瓷磚都有米老鼠頭的標誌

★一進門就看到這麼可愛的地方，先拍照再說！
應該不少人在迪士尼的第一張照片背景就在這吧！

★正在歡慶25周年，感感看得到！

迪·士·尼·園·區·遊·記

現在是實際上我在迪士尼園區的遊記：
首先向大家介紹一下**迪士尼園區**分為七個主題
從地圖看由右到左的主題樂園分別是：
世界市集·明日樂園·卡通城·夢幻樂園·動物天地·西部樂園·探險樂園
我看了一下，大概不會去逛的就是動物天地和西部樂園

和在台灣的計劃差不多，首先我打算先到夢幻樂園
先到有快速通行（Fast Pass）的小熊維尼Pooh's Hunny Hunt
一路從正門到夢幻樂園去，走走停停的也快一個小時
門口有樂隊表演，一共12個男生在吹奏樂器
音樂都是充滿著迪士尼風格的曲風，一整個充滿夢想的感覺。

我到夢幻樂園FP的地方插入門票時，是早上10點左右
預約的時間已經是下午2:15分了
也就是說，在下午2:15分時，我再回來這裡就可以不用排隊了
這樣的話，首先我到隔壁的**小小世界**
排隊準備搭小船環遊世界

排隊的時間不久，大約15分鐘左右
只是…有夠熱的……
所有的人都流了好多的汗
有的小孩子更誇張～全身是濕的…
那都是汗耶…可怕～～
進到裡面之後，有冷氣…
哇…好舒服喔…

小小世界裡面都是各國的文化濃縮起來的
我覺得迪士尼在小細節上很有巧思
例如這些玩具都會動，但是不是隨便動一動而已
動一處牽全身，而且動的timing很好
才坐一下下而已，就結束了…
唉喲…又要出去迎接大太陽了

接著我走到了卡通城
原本是想到**唐老鴨汽船**那邊玩的…

一近看發現似乎只是一艘不會動的船而已
好熱喔～懶得走上去看了

就在這時，看到很多人都拿著剉冰⋯

好想吃剉冰喔

所以我也買了兩杯草莓剉冰，每杯￥300⋯

老實說，這杯剉冰沒有很好吃耶⋯

重點是很不解渴呀⋯

休息完畢，我決定找一個有冷氣的地方

就是去逛紀念品商店

所以我回到了隔壁夢幻樂園的小熊維尼專賣店

迪士尼之中就屬這間店賣小熊維尼的東西最齊全了

可是⋯我沒有那～～麼喜歡小熊維尼啦，加上每樣東西都挺貴的⋯

只有看看而已⋯哎喲～有冷氣卻沒得坐⋯

現在還不到中午，我的腿就已經有點失去知覺了啦>＜

★重溫一下愛麗絲夢遊仙境的故事

接著，根據我的研究，

在探險樂園和明日樂園這兩個地方有比較多吃東西的地方

而在探險樂園中，有個在7月25日才剛開幕的**提基神殿：史迪奇**

我很想去看看⋯因為⋯俺最喜歡史迪奇了啦⋯超愛超愛～～～

順便到那邊去找有沒有什麼午餐可以吃的

到探險樂園的途中⋯發現已經有很多人坐在地上

感覺好像有個遊行的樣子

遊行的開始時間是11:00am

遊行的音樂再度充滿著迪士尼夢想的風格。

81

★上午11點的遊行，還會灑水呢！

11:30am

看完遊行之後
現在的我已經在**提基神殿**這邊了
大約排個15分鐘就能看表演

這邊算是個劇場，是史迪奇和朋友們唱歌的地方…
重點是…這裡面有冷氣…還能坐…Yeah～～～
不過就在覺得不錯看的當下…結束了…傻眼…^^|||||

The Vision into the eyes...

看完史迪奇唱歌後，看到一間用餐的地方China Voyager，
不想再走路了，就索性在這邊用餐吧…

我訂的餐點如下：
海鮮拉麵兩份、杏仁豆腐兩份、水餃和蝦燒賣各一份
就這樣而已，其價格已經足夠我和我娘在家大吃大喝了

哇勒，這海鮮拉麵也太鹹了吧…
我只好再回去排隊買兩杯烏龍茶…來涼一下～～～
除了拉麵太鹹的問題之外，其他的餐點都好好吃喔
連烏龍茶都好好喝

在此補充一下，迪士尼園區內其實有很多飲水機；
我這次很聰明，有帶礦泉水的罐子…所以猛喝水…
但是都不是冰水…所以一喝到冰涼涼的烏龍茶…
只能說爽～快呀^^

🕐 1:00pm

吃飽喝足後，突然發現有個地方正在表演
因為是室外表演，所以雖然晚到也看得到，只是沒得坐而已

看完這個超讚的表演後，我到了史迪奇的商店
我對於史迪奇完全沒有招架的能力⋯
在此完全的大破財⋯但是非常的心滿意足呀
其中我還買了史迪奇的髮圈戴上，超可愛的⋯
雖然內心深知這輩子這個髮圈就只有今天能用而已
誰敢在迪士尼以外的地方戴著這東西到處趴趴走啊
但是為了融入在迪士尼的FU，我還是買下了囉⋯

★吃完午餐後看到的華麗表演

🕑 2:00pm

還在沉浸在史迪奇的可愛風時⋯
慘了個糟⋯人家在2:15pm札維尼小熊有約耶
於是乎⋯就算是鐵腿狀態也是火速趕過去⋯腿很痛耶⋯
順利的趕上和維尼的約會⋯
玩完這個遊戲之後，我慢慢地往即將在4:00pm遊行的地方前進
中途再去**米老鼠劇場**，等待時間大約10分鐘

在這裡最棒的是⋯停留時間是最久的
而且⋯有冷氣～Yeah～～歡呼～～～
這個米老鼠劇場前半段是電影介紹⋯看不懂的說⋯
但有冷氣吹我已經心滿意足了
後來以為結束了，原來是要換個地方看米老鼠
後半段的這個好看很多很多⋯

現在才三點而己喔⋯已經有很多人坐下來佔位置等著看遊行了
我也決定不逛了，找個地方休息等著看遊行好了⋯

★在史迪奇商店買的stiteh筆

83

15:28   15:29   15:29

這個遊行是迪士尼為了慶祝25周年的，取名為「歡騰」的遊行

http://www.tokyodisneyresort.co.jp/tdl/chinese/event/jubilation/index.html

★小熊維尼及他的朋友們

The Vision into the eyes...

★美女與野獸

★怪獸電力公司

★我最愛的3眼娃出現了

★超人特攻隊

4:50pm

看完歡騰的遊行後，我走到了**西部沿河鐵路Western River Railroad**
排隊約15分鐘，搭蒸汽火車環繞探險樂園和西部樂園兩個園區
嘿嘿…其實我是想再坐著休息啦…我是老人團來的^^

坐這個火車大約不到10分鐘的時間
接著我又去排隊**叢林巡航 Jungle Cruise**

排隊時間大約10分鐘；但坐個船卻不到10分鐘
對啦對啦…我就是要找能坐著休息的遊戲哩^0^

從昨天到今天，阿東就不斷提醒大家在迪士尼要保持體力
在迪士尼遇到阿東時，阿東還是不忘提醒要休息
畢竟我們這團可以玩到迪士尼關園
果然…像我這麼注重休息的人…還是覺得好累…
俺很確定我膝蓋以下的腿已經不是我的了…失去知覺…><"

現在已經快要6:00pm了，我走回到入園口…
逛一下**世界市集**的商店…這邊的人超多…
但我有買到了夾式的米老鼠耳環…超高興的^0^

★世界市集一景，
在這裡買到很可愛的米老鼠耳環

時間過得真快，已經到了晚餐時間了
我繞到明日世界這邊，來到**廣場餐廳Plaza Restaurant**
點了我們的晚餐來吃，再度忍不住又點了烏龍茶
冰涼的烏龍茶超好喝的…讚啦～～

🕐 7:00pm

臨時發現在這個時段，米老鼠們會在灰姑娘城堡這邊表演

有雷射、煙火、水舞和火燄…有著充滿著夢想風格的音樂

他們不斷地唱著dream again

整首歌的意思大致上是：

再夢想一次，連魔法也會幫你完成你的夢想

★在灰姑娘城堡前的夜間表演開始了

40分鐘的表演過後，要趕緊再找地方看8:05pm的夜間遊行：夢之光

http://www.tokyodisneyresort.co.jp/tdl/chinese/dreamlights/index.html

請務必連結該網頁…音樂是一樣的…這樣看圖片才有感覺喔

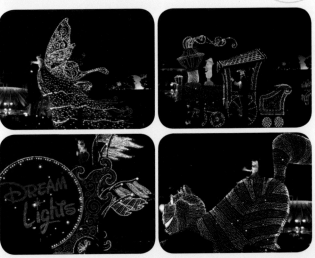

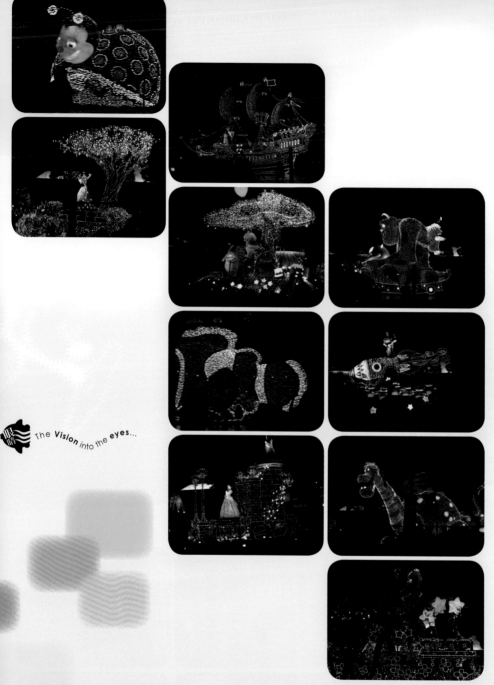

從下午開始，為了看遊行又跪又坐的…真的好累喔！
現在晚上又為了這個夜間遊行…再度要又跪又坐的…真的很辛苦耶…
將近一個小時的夢之光遊行結束了…哇～好漂亮喔…這樣累是值得的…

再過幾分鐘…

9:05pm

米老鼠們又會再度地在灰姑娘城堡這邊表演
所以我趕緊跑回城堡這邊佔位置
有比七點那場看得更清楚一些

這場的表演和剛剛七點那場是一模一樣的
雷射、煙火、水舞和火燄…有著充滿著夢想風格的音樂
出現的點都一樣；不斷地唱著dream again
「再夢想一次,連魔法也會幫你完成你的夢想」
嗯嗯…我收到了^^

★在迪士尼買的鐵盒

★在迪士尼買的大扇子

9:40pm

表演結束後,差不多快到關園的時間了
現在的我,完全的鐵腿狀況…
光是要走到單軌電車那兒…步步為艱呀…
不用說,從單軌電車這兒還要走一小段路回飯店…
這裡的一小段路…對於我和我娘來說,算是一人段路了>＜

一到房間後沒多久我就睡著了…一直到半夜12:30我才再起床洗澡
泡澡時發現我可憐的腳底板都是水泡…
這就是 "dream" 的代價吧

今天的我雖然玩得很辛苦…但是內心充滿著滿足…
好高興…好幸福的感覺
不知有多久沒有像這樣充滿童心了
期待著明天第三天的旅程～～～

★在迪士尼買的米老鼠公車造型鐵盒

2008.8.10
Day Three

🕗 8:00am
今天就要離開這個讓我好喜歡的卡通房間
昨天一整天都在迪士尼，根本也沒待在這房間多久
有點依依不捨的說～

現在我們要搭大約兩個小時的車
到多摩市的**哈囉Kitty樂園**
http://www.puroland.co.jp/index.html

08:36

08:36

08:36

🕙 10:00am
這個Kitty樂園一共有四個樓層
三樓是入口，樂園的對面就是百貨公司
可以選擇不要進去Kitty樂園到對面逛街
總之，我們在11:20am要準時到四樓去用餐
從現在開始的時間都可以自由地逛

我先從一樓大耳狗寶貝喜拿的地方逛起…
我已經試圖降低我的心智年齡了…可是還是覺得還好…
在此童心不足…

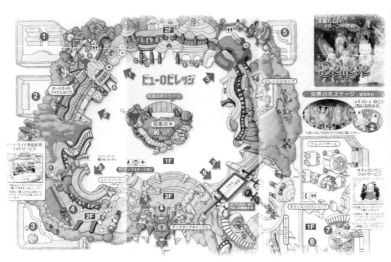

接著…看到有人在排隊…俺也不管是什麼也跟著排隊
原來是Kitty貓劇場
嗯…還不錯看…就是走可愛風

🕐 10:30am

看完之後又看到有人在等著看表演，
也是跟著席地而坐等表演
席地而坐是好聽的用語：
實際上和昨天在迪士尼一樣就是又跪又坐的
結果我看了這個表演不到5分鐘就決定不看了。

晃呀晃的，發現又有人在排隊等坐船
嘻嘻…這個好像很不錯…所以就跟著排隊囉
可是他上面有寫要等20分鐘，
現在已經快11點了，距離我們用餐的時間差不多只有20分鐘
不管了，照排…
結果，我和我娘不到5分鐘就能坐船了：
只因為我們願意坐在後面的位置，ok的啦～
這裡面把所有三麗鷗的卡通全都展示出來了
皮皮蛙、大寶、酷企鵝、布丁狗…等等都有出現
看完以後大約還有10分鐘用餐
所以到了三樓去看看Kitty的商品
也許在台灣就看過了各式各樣的Kitty商品
在這邊比較沒有買東西的衝動啦

★在Kitty樂園坐船看到的一景

11:20am

準時到4樓吃午餐…這個午餐是自助式吃到飽的

菜色很多…而且每樣都好好吃～

尤其是這邊的生菜沙拉，超讚的…我吃了好幾盤

還有醬油麵…超Q的啦…好棒好棒！

當然不忘了再倒一杯冰涼的烏龍茶

從昨天到今天的烏龍茶都好好喝喔～

在這邊…吃的非常的高興…

不過…也聽到了吃完飯後居然要坐將近3小時的車程到下一個景點。

吃飽飯後一上車…

就一整個好睡，快到了下一個景點才醒……

到下一個景點前，現在的我們正在富士山的山腳下

阿束在遊覽車上介紹富士山之際，來個有獎徵答

獎品是Hello Kitty香腸一盒

問題是：日本人夢到哪三樣東西是最象徵吉祥好運的呢？

第一是富士山，第二是老鷹，那第三是什麼？

因為大家都剛睡醒，所以反應不是很熱烈…

後來阿束又追加了一盒Hello Kitty香腸

開始有人回答了…都錯…

我也有回答…芹菜…也錯

結果是我娘答對的說…茄子…

哼…被她亂猜猜對了…

不過…都已經回台灣這種久了…

我娘三不五時還在得意她那時候有猜對的說…

93

 2:40pm

我們到了 **富士花鳥園** http://www.kamoltd.co.jp/fuji/

一進去，阿東先請大家吃冰淇淋

冰淇淋有很多口味…其中比較特別的是以花做成的冰淇淋

那個花名很難背呀，總之就是好吃

 3:30pm

有個貓頭鷹秀，主角就是那隻哈利波特裡紅翻天的白色貓頭鷹

看完之後就和貓頭鷹照個相，再去逛花園

The **Vision** into the **eyes**...

這個花鳥園是個佔地八千平方公尺的大型溫室

有上千種超美的球根秋海棠

在這裡我也拍了很多照片，不過怎麼看都是人比花嬌啦…害羞～

★在花鳥園內買的貓頭鷹石頭

★富士花鳥園美美的秋海棠花

★人比花嬌

95

等我們從花園出來之後

已經是下午4:30

現在我們要往旅館前進，不塞車的話大約40分鐘

後來有點小小塞

阿東在此講了一個小故事「一切都是最好的安排」

我聽完以後很有感觸⋯⋯

今天晚上我們住宿的地方是河口湖溫泉鄉

富士森林度假村 http://www.jiragonno.net/

如字義敘述⋯整個旅館旁邊除了森林還是森林

★注意看，花的造形很特別耶

5:20pm

阿東給每個團員每人兩個超大的水蜜桃
所以我和我娘一共拿了四個超大的水蜜桃
呵呵⋯光看就已經很飽了^^||||
我中午在Kitty樂園吃的午餐還沒完全消化完耶
沒辦法吞這顆水蜜桃的啦
只好晚上再看看吃不吃得下了

等待用餐的這段時間
我和我娘看到房間陽台後面有個小山坡可以散步
才剛散步沒多久，就開始下起小雨來了
只好回到房間裡⋯一躺在床上⋯
結果我就立刻睡著了⋯哇哈哈⋯我好佩服我自己喔

 6:00pm

我娘把我叫醒，到樓下吃晚餐去

旅館一樓有個賣紀念品的地方
我看到了水蜜桃麻糬及葡萄麻糬
好像很好吃的樣子
後來有人買了水蜜桃麻糬給我和我娘一起吃
啊哈哈⋯真的好好吃喔
當下決定等一下吃完晚餐後，再買回去請大家吃

今天的晚餐也是自助餐吃到飽的方式，一樣超好吃⋯
而且桌上還放著很多長長的螃蟹腳⋯好棒喔～
完全忘了房間裡還有四顆水蜜桃的事

吃完晚餐也買完水果麻糬之後
回到房間大約8:00pm⋯
附近都是森林沒得逛
等待我娘洗完澡的同時⋯我又完全的睡著了

然後半夜1點再起床洗澡…
又看到了水蜜桃…光看就覺得很飽的說
沒錯,到了半夜還在飽…

今天已經是在日本遊玩的第三天了
好快喔,完全不想回台灣去呢…
在這邊的每天都沒有煩惱,只有快樂…

第三天的遊記中,
我有提到阿東說了一個讓我很有FU的小故事
感覺更能樂觀的看待每一件事情

現在我就把這個小故事「一切都是最好的安排」和大家分享

有一個國王,喜歡帶著一堆人到森林打獵作為娛樂
某次他再度到森林打獵,看到一隻熊
他堅持要自己親手抓到這隻熊
沒想到一個不小心,讓熊給咬斷了自己左手的小姆指
那個時候不像現在有先進的醫療
所以國王因此失去了一個小姆指

從小到大都是一帆風順又事事順心的國王
第一次遇到挫折與失敗;加上斷指之痛
況且還是自己堅持去獵熊的,怪不得誰
此後,國王的性情大變,
搞的皇宮上下人心惶惶,片刻不得安寧

這時,那次和國王一起去打獵的智慧大臣站出來說話了
智慧大臣:「親愛的國王,其實每一件事都是最好的安排」
國王:「難道我的小姆指斷了也是最好的安排?怎麼說?」

智慧大臣：「我無法現在立刻告訴您為什麼，但我很肯定這是對
　　　　　您最好的安排」

一直找不到人出氣的國王，現在終於有了一個出氣的對象了
國王：「那麼如果我把你殺掉，也是最好的安排囉？」
智慧大臣：「沒錯」

後來國王命人隔天就把這名智慧大臣在皇宮前殺掉
要殺掉這名智慧大臣之前，國王又心軟了
已經少了一個小姆指了，又何苦再少一個心愛的大臣
但是國王的臉又拉不下來，
只好改成把這名智慧大臣關起來

一個月過去了…
智慧大臣還是在大牢裡面
國王還是不開心…
所謂之從哪裡跌倒就從哪裡站起來…
於是，國王決定自己再去森林裡面打獵

但是這回國王自己到森林裡打獵
不但沒獵到動物，自己反倒成了獵物被抓了起來
國王心知這下慘了
因為這個國家有個民族是以人當作祭品送給神明
現在國王就是被這個民族當成祭品，死期不遠了
無耐語言不通，國王沒辦法跟這個族長說放了他
而且，抓到國王的這些人…心情很好
因為很久沒抓到品質這麼優良的祭物了

就在祭典開始之際…
族長發現了國王左手的小姆指不見了
非常的生氣…

原因是，他們不管祭品是男生女生、年紀大還是小
總之，這個祭品一定要 "完整"
那現在這個祭品的左手沒了小姆指，就是不完整
對神明來說就是不尊敬
所以…他們放走了國王

國王逃回皇宮之後立刻去找已經被他關了一個月的智慧大臣
他說：「我已經能夠瞭解我沒了左手的小姆指，為什麼是最好的
　　　　安排了。但是，我不瞭解，那你被關在這裡一個月為什麼
　　　　是最好的安排？」
智慧大臣：「如果我沒有被你關在這裡，那麼你打獵時一定會帶
　　　　　　著我，如果你不是祭品的話，我就成了祭品；現在也
　　　　　　不會活著站在這裡和你說話了。」
接著國王和智慧大臣兩人就哈哈大笑…

故事結束囉！

不知怎麼的，我很喜歡這個故事耶
認真回想過去在很多時候
自己遇到一些很不公平或是很羨慕或嫉妒的事情
當下的確很不能釋懷
但以事後的角度來看，的確也都算是最好的安排
也因此，內心感到舒坦了一些…
這個故事果然很不錯吧^^

2008.8.11
Day Four

 8:00am

現在我們要往伊豆半島的**箱根國家公園**邁進
車程差不多要一個小時左右。

昨天阿東就有說我們已經是在富士山的山腳下了
但是昨兒個的天候不佳，富士山被雲擋住了
阿東說，日本人視富士山是神山…
如果她要給你看到，遠在東京市區你也看得到
如果沒有緣份看到，就算現在在她腳下也看不到
另外啊…聽說如果是第一次親眼看到富士山時
可以立刻的許願…
所以，打從昨兒個開始我就一直希望能"親眼"看到富士山呀
我的願望早早就準備好了呢！

The Vision into the eyes...

08:28

08:30

08:30

結果今天…
看到富士山的第一眼時…
有點納悶是不是這座山勒？
嗯…真的是…趕快許願^-----^
希望俺的願望成真^0^

經過了像是九彎十八拐那樣的山路後…

現在我們到了**箱根**了

準備要搭聽說是世界第二長的**空中纜車**

http://www.hakoneropeway.co.jp/index.cgi

這個纜車看起來好大好穩喔

可是實際上坐在裡面時…有點熱耶…

新加坡花葩山的那個纜車是有冷氣的…而箱根的沒有…

我們從**桃源台**開始搭車,一直到標高1044公尺的**大涌谷**

還沒到大涌谷站時,就聞到了濃濃的硫礦味…

★坐空纜看到的景色,蘆之湖還有海盜船

 10:00am

大涌谷這邊有個火山口

走到火山口那邊要爬一點路…

真的是給他爬的氣喘虛虛…有夠辛苦的…

去迪士尼樂園的舊傷痛未癒…現在還如此操勞…

不禁自覺不認老都不行…俺已經沒過往那樣的勇健哩

大涌谷火山口這邊最出名的就是溫泉黑蛋了

來的人都一定要來吃顆黑蛋的

聽說吃一顆溫泉黑蛋可以延年益壽七年

爬到火山口了…都是在賣溫泉黑蛋…

旅客除了拍照證明到此一遊以外，就是在吃黑蛋

每一包都是六顆蛋…和其他人分

我和我娘買了三顆蛋…我吃一顆，我娘吃兩顆

真希望我娘就因此可以多了14歲…Yeah～^----^

娘眺 The Vision into the eyes...

★火山口

★黑蛋造型的Kitty

在這裡我還看到以黑蛋造型出現的Kitty

更可怕的是…我居然遇到黑蛋版的マリモ

北海道遊記裡提及了我搜集到男女生版的マリモ有多高興

沒想到我在箱根看到了有著黑蛋造型的マリモ

★坐海盜船的入口

看完了大涌谷火山口；吃完了有名的溫泉黑蛋
我們現在要搭遊覽車往山下搭海盜船
天啊…又要經歷一次彎來彎去的山路了啦＞＜
不能再搭纜車下去嗎？自費也OK滴啦…

越過重重彎山路～～
我們現在到了搭**海盜船**的起點
http://www.hakone-kankosen.co.jp/index.html
這個是仿古時候海盜船，然後在**蘆之湖**上欣賞湖景。
蘆之湖是不凍湖，因為旁邊是火山有地熱的關係
和我先前去的北海道洞爺湖有著差不多的原理
搭海盜船從箱根町→元箱根的距離，只要十分鐘而已
在搭船的這十分鐘裡，看到湖景感覺心情好好喔
所謂的心曠神怡，大概就是這個感覺吧？
覺得整個心都開闊了起來～

★曼玻魚媽和海盜的合照

12:00pm

我們到附近的地方吃午餐
今天中午是吃天皇最愛吃的弓魚
^^||||
我不太想吃魚耶…擔心中…
所幸還有其他的菜…
一桌六個人，除了我娘以外的五個人完全不愛吃魚
我娘佔盡主場優勢，大部份的弓魚都落入我娘的肚子裡了…

The Vision into the eyes...

這邊啊，有很多三、四百年以上的衫木，也有衫木步道…
感覺空氣很好…吃完飯後我們就在附近拍拍照、散散步

★附近的商家，有著濃濃日本風　　★鳥居　　　　　　　　　★蘆之湖

吃飽飯後，在一陣好睡之下…三小時很快就過了…
真的是很佩服司機先生能一直保持清醒狀態為我們開車耶

★門票

🕒 3:30pm

現在的我們已經在東京市區了

要參觀的是**六本木之丘Roppongi Hills**

http://www.roppongihills.com/cn/

我們要去的是森大樓的52樓，能以360度的視野看東京市區的全景

六本木之丘是一個新世鎮：裡面有飯店、影城、電視台…等等

可以說是一個能自給自足的小城市，

當初為了徵地就花了17年的時間才搞定，到了2000年才完工。

★夜景

105

★從森大樓52樓拍下的景色

★日景

在52樓看完了360度的市區全景後

還可以到53樓的美術館看展覽…

老實說…這展覽真是非常的抽象呀

因為該作者常有病痛：所以她的作品灰暗很多，

充滿著人和醫療之間複雜的關係

難怪我一直看到不是斷掉的手腳，不然就是奇奇怪怪的造型^^|||||

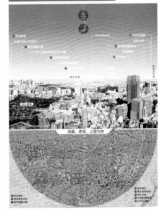

 4:50pm

接著是逛半小時的免稅商店…

★ 從免稅店到新宿這段的街景

6:00pm

現在阿東帶我們到**新宿**這兒
給我們一小時時間自由觀光

我和我娘話不多說…立刻就選定了要逛**伊勢丹**；
這個是伊勢丹的新宿總店
在一樓晃了一下，還是覺得美食街最適合我們兩個老人
所以就直接殺到樓下的美食街去…
這邊的飲料店不多耶…好不容易找到一間飲料店…
哇哩勒…價格真是給他有夠貴的說…
而且口味也挺不一樣的…
我和我娘各點一杯紅桃汁
找到了座位休息一下，又看到了好吃的冰淇淋
所以我們也買了冰淇淋來吃吃看…
讚啦…身心靈大滿足～
我和我娘就這麼的在樓下吃吃喝喝…東聊西聊…
一小時居然這麼快就到了耶…還是用小跑步趕到集合的地點

★ 新宿街景，伊勢丹新宿總店

★新宿夜景

🕐 7:00pm

今天晚餐是涮涮鍋

這餐我一定要好好推薦一下

我從來沒吃過這麼好吃的涮涮鍋

那個豬肉啊～弄得好薄好薄的一片

到鍋裡輕輕的涮一下就熟了

而且，沒有什麼肥肉…

再搭配芝麻醬…厚～真是超好吃的啦！

除了肉類以外，就連青菜都超好吃的…

洋蔥、吃起來像同ㄙ的芹菜、高麗菜、金針菇…等等

總之什麼菜都好好吃～

尤其是洋蔥，真是又甜又香辣…

我在這裡吃了超多的肉和菜…真是感動到一個不行耶

加速地邁向肥腫之路…

吃完飯後走出餐廳外，天色已經全暗了

夜晚的新宿也是別有風味

107

🕐 8:30pm

現在到飯店了

在日本東京的最後一晚,住的是**東京巨蛋飯店**

http://www.tokyodome-hotels.co.jp/tw/index.html

我們的樓層是17樓…從房裡窗外看的view超讚的

能看到摩天輪…美～

★從飯店外看到的東京巨蛋及一旁遊樂園內的
　摩天輪及雲霄飛車

2008.8.12
Day Five

今天曾是讓我挺擔心的一天
因為行程表上寫著自由活動…
所幸昨兒個晚上，阿東說他不會拋棄我們的
當然還是要 "自由行"，只是他還是會陪伴我們遊玩的
他說了兩個路線讓我們表決
後來大家一致通過要到上野動物園和淺草觀音寺

★早上從飯店內拍攝的摩天輪及雲霄飛車

9:30am

阿東帶著我們一行人用走的去搭電車
好像小學生一樣，有著大家要一起去遠足的感覺
有了逛迪士尼經驗後，
今兒個俺把在迪士尼內買的毛巾和扇子都帶了出來
還有礦泉水的瓶子
好興奮喔…不知道有多久沒有遠足過了呢

10:30am

我們的第一站是**上野動物園**
所以我們到離飯店最近的水道橋站→秋葉原（票價￥150/人）
再從秋葉原→上野（票價￥160/人）
之後再走一點點路就到了上野動物園了
http://www.e-japannavi.com/trans/mtrmap.shtml

這是我第一次自己用日幣銅板買了電車票，感覺好新鮮喔…

到了上野動物園後，還要自己買票
總之就是什麼都要自己來就是了

我們在上野動物園裡逛1個小時
正因為也只有一個小時而已，我們就跟著阿東逛動物園
原本以為這個動物園很小，沒想到還挺大的
動物園裡還有自己的園內電車

陸陸續續也看了不少動物：
大象、猴子、北極熊、國王企鵝、海豹、鶴…等等
就在看猴子時，突然有種感覺
我是有多久沒有看過這些動物了啊？
好像是在我國中畢業旅行時，有去過木柵動物園
似乎從那時候到現在，我都沒有去過動物園了吧

★動物園內賣的玩偶

11:40am

現在我們要從上野搭電車到淺草（票價￥160/人）
也是自己買票…現在我已經非常的熟練買票的動作了

從淺草站到淺草觀音寺也是走一點點路就到了
只是，現在已經是中午十二點了，要找個吃午餐的地方
阿束說如果想吃拉麵，他可以介紹一下
結果演變成大家都跟著他去吃拉麵

那間拉麵店一下子走進了20位以上的客戶
嚇了一大跳…來不及招待…感覺超好笑的…

這間店有個會說中文的大陸女生，所幸有她，我們點餐的速度很快
我和我娘都點海鮮拉麵　也點了杏仁豆腐；我還點了可樂
這樣點的價格居然比我們在迪士尼吃的午餐還貴上一些耶…
還有啊，拉麵已經調淡口味了
但是吃起來還是很鹹的說…日本人的口味吃這麼重呀

我們預定在1:30pm就要集合
吃完拉麵也已經1:00pm了
所以要火速的走到觀音寺那邊
怎麼說這個觀音寺可是號稱全東京最古老的寺廟耶
至少也要看到一下再走嘛

只是…到觀音寺之前…有條熱鬧的仲見世通
兩邊都是販賣日式傳統商品的店家，有好多鯉魚旗和傳統小物喔
很難火速走到觀音寺捏…^^|||

因為人有點多…稍擠…比較悶
我拿出了在迪士尼買的扇子…
哈哈…米老鼠和這邊的FU很不搭耶
也沒辦法了…還是得用這把扇子哩

慢吞吞地走到仲見世通的盡頭…
穿過一個小舟町燈籠，淺草觀音寺就到了
稍微停留感受一下神明的庇護，我們就往回走
再逛一下仲見世通…
最後在門口這個重達100公斤的雷門燈籠照個相
聽說沒到過雷門就不算來過東京…

The Vision into the eyes...

★名氣響噹噹的雷門

★雷門外一景

🕐 **1:55pm**

我們再從淺草搭電車
→秋葉原（￥160/人）→水道橋站（￥150/人）→飯店
光是今天的電車交通費，我和我娘就得花上￥1,240元耶
但是學會如何自己買電車票及如何搭電車：無價

🕑 **2:30pm**

我們從飯店坐遊覽車要趕到成田機場…

🕒 **3:30pm**

到了機場劃位之後，我們有一個小時以上的時間可以逛免稅商店
有鑑於已經花很多摳摳的份上，
我決定隨意的逛逛，大約逛個15分鐘就把所有的店都逛一圈
之後趕快搭機場電車到96號登機口，避免逛太久就容易亂花錢
沒想到，登機口前還有幾間的免稅商店
內心想說看一下應該還好吧…時間還久嘛…
結果就讓我看到一對物美價廉的Tasaki珍珠耳環
不買下來太對不起自己了…荷包再度的失血…
哇哈哈…一切都是最好的安排呀^----^

★ 要回家了，成田機場一景

要回家的心情特好…
沒多久可怕的飛機餐送來了
這回是魚的餐點…微波的感覺超重…
而且飯還硬硬的…> <|||||
算了，可怕的飛機餐不會影響我快樂的心情

The Vision into the eyes...

這一次的東京行
我覺得最棒的就是吃住的很好，也玩的很快樂
最重要的是，我找到了似乎失散已久的赤子之心
好久沒在床上亂跳、好久沒到過動物園看看動物
也和我娘在船的甲板上吹吹風、在花園裡散散步…
度過了愜意的時光
還在迪士尼裡喚起了我的夢想
我還學會了如何搭電車，學習如何買票…好有成就感喔！
很高興自己做了一個很正確的決定：
送給自己一趟東京旅行。
這趟旅行使我得到很多充滿感動的收穫…

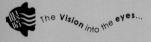
The Vision into the eyes...

HK.VIETNAM
香港
越南
2009.1.25

香港・越南

我只是單純想搭搭郵輪才因此決定去越南
享受一下不要每天都有行程的觀光團
天期不要太久、旅費不要太貴
沒想到這趟旅行也能帶給我這麼多的收穫
這種無拘無束的充電方式
真是太美妙了

看來我就是和我想去的澳洲無緣～～

前一年，是因為太晚問行程，結果機位都已經訂光了。

今年，我早早就開始注意行程了

無奈想去的團都無法成行…

結局就是去了我從來都沒想過要去的越南

C'est la vie!!(這就是人生吧！)

多點小小的意外驚喜～～

去之前，只要聽到我要去越南的人

不外乎就是「越南會好玩嗎？」、

「怎麼會想去越南？」之類的問句

老實說，我又還沒去玩，啊哉會不會好玩捏

況且，我也會小擔心會不會不好玩呀～～～

The **Vision** into the **eyes**...

我只是單純想搭搭郵輪才因此決定去越南

享受一下不要每天都有行程的觀光團

天期不要太久、旅費不要太貴…

原本只是想藉由這次旅行讓自己放鬆一下

卻沒想到這趟旅行也能帶給我這麼多的收穫。

我想…我是真的愛上旅行了

這種無拘無束的充電方式

真是太美妙了～～～

2009.1.25
Day One

今天我們是搭8點整起飛到香港機場的港龍KA451班機，
預計9:20am抵達香港。
這次除了我和我娘從高雄搭機之外
其他的人都是從桃園飛到香港，大約在10:00am才會到
所以感到有點小孤單…

我和韓小姐在6:40am碰面並check in，互道再見之後～
我的香港越南郵輪行開始囉^-^

The Vision into the eyes...

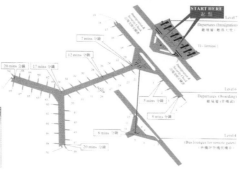

★港龍航空提供之相關資料

一起飛後就送的飛機餐
是榨菜雞絲燒賣飯，還有柳橙汁一杯和鳳梨酥一個
超好吃的！很快就吃光光哩～～

時間大概過了1小時又10分鐘就到達**香港機場**
領隊袁先生叫我10:30am在入境A出口等他
從我下飛機開始，距離碰面時間多了一個小時左右
所以和我娘是以烏龜的速度慢慢的走向海關入境。

10:45am

遇見領隊袁先生及導遊霍先生後，出發囉～

我們的小巴從機場先經過**青馬大橋**往尖沙咀
說到青馬大橋，
導遊霍先生似乎很得意這座橋呀
他說論長度青馬大橋算是全世界第二名
但論功能（有上下兩層：上層是給汽車走的，下層是鐵路）
算是全世界第一名哩～

11:40am

小巴來到了**尖沙咀的海運大廈Ocean Terminal**前面停著
我們用走的到餐館，途中看到停在港邊的郵輪
是我們要搭的郵輪嗎？？研究許久後來發現…是的。
哇～～好興奮喔！！

★海港城外觀一景

★初次看到遊輪的樣子

★海運大廈門口

★遊輪另一邊的樣子，印有歌詩達號

今天的中餐菜色很不錯，吃的飽飽滴
吃完了之後，再搭上小巴
不到一分鐘的時間，我們到了郵輪寄放行李的地方。

 1:00pm

我們走到**海港城二樓**，這裡是準備搭郵輪的入口
袁先生說進去了郵輪入口就沒辦法再出來了
可以先進去休息，如果想再逛一下的人就約**3:00pm**在這裡集合。

我和我娘跟著同團的一家三口一起到附近走走
經過了海港城百貨一樓
哇塞～都是些高級的童裝，亞曼尼、LV來的
好不容易從海港城另一個地方走出來
呼呼…*風很大呀～～有點冷～～～*
就這樣一行五個人，到處照照相…

現在我們所在的地方就是"幻彩咏香江"的參觀地，
今天是除夕，晚上這邊會有慶祝新年的活動。

★海港城簡介

★很特別的賣冰車車

123

2:30pm

拍著拍著，*風很大…真的很冷～～～*
而且我和我娘的腳已經不行了～又酸又累～～
先回去郵輪入口那兒和袁先生碰面之後，就進去郵輪裡休息了。
袁先生和我們約4:00pm在郵輪4樓大廳集合，
他要帶我們參觀郵輪設施。

進去時，會先經過小小的海關
接著有人幫忙照相　後來還有出DVD
之後郵輪的工作人員會收起我們的護照，給一張Costa船卡
這張Costa船卡就是日後我們在船上的I.D.
重要性等於護照
最後再經過一次所謂小型的安檢，就進入船內嘍～

我和我娘住的是加了$ $的海景艙房
位在3樓船頭的位置，房號3037；
剛開門進去時，真的有種我們要搭郵輪的興奮感耶～
此時我娘的行李已經送來了擺在床上，但是我的還沒有來…

先檢查一下電視、電燈有沒有怎樣，再看看浴室，
發現船公司準備兩個印有Costa的紅包袋放在床邊
裡面各裝著一個金幣造型的巧克力。
沒多久，服務員送來了我的行李
我立刻就打開了兩包藏在行李的OPEN小將滿天星來吃
Yeah～高興高興～～

★Costa的紅包袋與內裝的巧克力金幣

4:00pm

在四樓大廳集合
袁先生帶我們到六、七、八樓參觀一下郵輪的設施
我們還到甲板上去拍照

大約40分鐘後，把郵輪設施參觀的差不多了
袁先生說在五樓半及七樓的船尾6:00pm開始都有供應晚餐的餐廳
五樓半餐廳是點菜的方式，七樓則是自助餐。

5:00pm

我們先在七樓自助餐廳吃點東西
我邊吃邊想…不對耶
今天是除夕，想必郵輪晚餐應該會很優才對
我趕緊叫我娘少吃點，免得等一下吃不下大餐…
唉～此時我娘已經吃很多東西了～～

5:40pm

我們前去五樓半餐廳排隊，剛開始人還不太多
於是我和我娘還到窗戶旁邊看看維多利亞港的景色
現在已經接近6:00pm，人越來越多…後來遇見袁先生，
排隊超級沒有秩序的…根本就不知要怎麼排隊
我耳邊只聽到袁先生說，不要客氣和他們排就是了
就看不到袁先生哩～

我內心想，好端端的坐趟郵輪，
應該要很優雅才對呀
有必要搞的很像難民營這樣嗎？？
一堆人沒秩序的排隊，就為了等晚餐？？

 6:00pm

我和我娘坐在兩人座位的桌子
桌上還點著蠟燭，超有氣氛的…
此時我已經掃掉了先前小小的不高興
看到菜單之後…超興奮的～
我點了鮑汁百靈菇、蟹肉粟米羹、
最讚的是烤蒜茸黃油龍蝦，這道菜真是讓我太感動了
我從來就沒吃過這麼豪邁的龍蝦呀～
還有年糕、紅棗連心燉木耳及水果…好豐盛喔～

要不是太飽了
我們還能再點個炸鱸魚
各位，要知道這份炸鱸魚長達4、50公分耶～
只有我們兩人吃～真是太奢侈了～～
但是真的沒辦法再吃到肚子裡了。

★菜單

在此很感謝一名中國籍的服務生
有她在，我們的餐點來的又快又順利
所以八點以前我們就享用完晚餐，趕緊往甲板邁進看夜景。

還記得我提到的"幻彩咏香江"嗎？
香港每晚8:00都會有這個大型的燈光音樂匯演節目
利用維多利亞港兩邊超過40棟建築物，
燈光和音響聲光交織的表演能表現出香港的另一種美。

晚上8:00剛好是郵輪開船的時間
現在郵輪還停在維多利亞港邊，可趁此時看一下維多利亞港的夜景
但是…*風很大～～～*
又冷～～～抖抖抖～～～爆冷的～～～
等了一會兒，始終都沒聽到什麼音樂，雷射燈倒是有看到…

8:30pm
我不行…*有夠冷～～～抖～～～*
先回房去休息一下
晚一點10:15pm，在六樓的宴會廳還有歌舞表演可以看
我娘一直打哈欠想睡覺
我跟我娘說要撐著啊…明天隨妳睡多久
今天是除夕，船上有好多我們可以參加的節目
要一起倒數喔～
我還和我娘相約…比賽看誰可以撐的比較久…

9:00pm
船已經開了一小時了
我開始覺得有點暈船的說

9:45pm

我們從3樓搭電梯到6樓準備去看表演
他們的表演還滿好看的…而且沒想到有唱 "you raise me up" 這首歌，
這首歌對我來說很催淚耶～我超愛這首的…
聽歌的這幾分鐘內，腦中閃過很多事…超感動的～

最後還有小型的大河之舞
我去年12月才花＄＄看過真正的大河之舞，小型的這個有點…
但還是好看囉
表演在10:50pm左右結束
俺暈船到一個境界了啦～*晃～～很晃的說～～～*
忍不住閃回房裡去，先吃一包暈船藥就躺著睡哩…

原本我的行程是還要回到六樓去參加活動一起倒數的，
要不然就是到賭場去好好賭個幾把的…
隨便啦…先睡再說了
對我來說，
今年除夕很難得這麼早睡，因為我最喜歡守歲了～
只是…，今年…真的敗給暈船了～～～XD

今天…就這麼冷著冷著暈著暈著的過去了
明天開始要好好的來享受一下郵輪生活才行…

★Costa給每一位遊客的郵輪需知資料夾

這回我和我娘搭的郵輪是意大利籍Costa公司的船
所以郵輪裡的節目充滿著濃厚的意大利味道

Costa每個郵輪上面的煙囪就如同他們LOGO
是黃色的，還有字母C
這樣很明顯喲…很容易認出這是他們的船
我在下龍灣時特別發現到Costa的黃色威力

每天晚上在我們的房門底下
會出現一份 "TODAY"
告訴我們明天在船上有什麼好玩的節目、
航線狀況、每天的日出和日落時間
或是有什麼重要事件宣達之類的…
袁先生也會在我們房門底下塞一份他自己的 "TODAY"
就是我們這團該在哪集合、有什麼注意事項、
再整理一下Costa TODAY的精華。

最重要的是…要先清楚在郵輪裡的設施
什麼是免費，什麼是要付費的
如果很不講究細節的人，在郵輪裡幾乎沒什麼要付費的。
例如說：我很堅持要喝礦泉水，那至少要花到水的錢；
喝郵輪上的水也是可以的，但總要特地到七樓餐廳裝水
還要注意開放的時間，而且那個水我覺得不那麼好喝，
被我當作漱口水。

馬桶的沖水方式和飛機上的馬桶是利用一樣的原理，挺好玩的
還有一開始我覺得吹風機超奇怪的…很像吸塵器造型…
剛看到時內心OS：吹的乾才有鬼咧～
結果還…嘿嘿～見鬼咧～還真的吹的乾呢…
莫名奇妙的好用…

我們這艘郵輪，名字叫Allegra
Allegra和西班牙語的Alegría（有歡騰、歡慶的意思）很像耶～
不知字根字緣有沒有一樣呀？
總之～我也是帶著很高興的心情搭乘的…^--^

★Costa樓層說明手冊

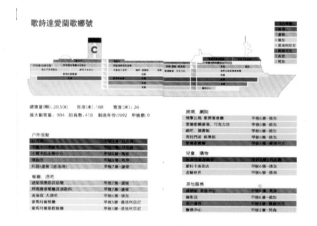

這是Costa所有郵輪中最小的一台，只有28000噸。
一共有九層樓，都是用畫家的名稱當樓層名字
例如電梯到5樓時，面板所顯示的不是5F，而是Modigliani
一開始不太適應，後來就習慣了
2樓Van Gogh及3樓Gauguin都是房間
4樓Lautrec是大廳、客戶服務中心、船員辦公室等
5樓Modigliani是房間和餐廳
6樓Degas有大酒吧、小酒吧、宴會廳、小廣場、免稅商店、
賭場及網咖打麻將的地方
幾乎所有節目及活動都是在6樓。

對了，在郵輪上上網的價格是幾多錢呢？

USD $0.5美金/每分，

那如果要看有附件的信？呵呵～USD $2美金/每分。

順帶一提，如果想在郵輪上打手機，漫遊費怎麼算？

是以義大利區的漫遊來算…

7樓Rousseau有自助餐廳，還有游泳池

下午茶也是在這裡吃的，但下午茶時間只有供應一小時。

游泳池很小…而且冬天有夠冷～沒人去游泳，處於一個荒廢狀態…

8樓Manet是健身房及SPA中心，我和我娘有來SPA個兩次

9樓Solarium，也是SPA的地方，還有給小朋友玩的地方。

宴會廳等活動的地方大多是在船頭，吃飯的地方大多是在船尾

避免"迷路"及能快速的找到想要的地點

最好先記得哪裡是船頭，哪裡是船尾比較快一點

但是裝潢都一樣…一開始我是利用我房間的位置(在船頭)…

後來才發現…船頭的電梯有到2樓，船尾的只到3樓

每晚在宴會廳都有很好看的秀

所以我都會至少提早20分鐘先到宴會廳佔前面一點的位置

每天的節目很多：例如舞蹈教學

說到這，教舞的老師很帥耶～

有一度人家好想上前跟他說想和他拍個照

可是…好害羞～

還有意大利語教學，其實我還滿想學的

但是都是在早上…俺還沒睡醒啦～

當然還有一卡車的節目，

可以把一整天排的滿滿的，也可以一整天睡到天荒地老

就看自己怎麼安排囉！

2009.1.26
Day Two

今天是我們在郵輪上的第一天
整天都會在船上，沒有行程。
現在的我們正往越南峴港的方向駛進
大約在下午3:00pm-6:00pm之間
會到距離海南島東南方約15海厘的位置
可以從船的右舷看到海南島，之後船會駛入公海。

TODAY告訴我們今兒個上午9:30會有一個緊急救生演習
是大家都必須要參加的
昨天袁先生帶我們參觀郵輪時，
有提醒我們要注意在房間裡的救生衣是幾號：
因為救生演習集合的地點是看救生衣的號碼
回房時我有注意看，是2號
所以今天集合的地點是6樓的廣場。

就因為這個演習…所以今天有morning call啦＞＜
早早7:30am電話就響起來
大年初一做什麼救生演習粉討厭耶
8點多心不甘情不願的起床後，就到七樓的自助餐廳用早餐
吃早餐的人很多，而且也沒有什麼特別好吃的
我內心還想說如果不參加不知道OK不OK
但還是在9:20前回到房間去拿救生衣

 9:25am

嘿嘿～開始了呀～

首先是中文的廣播，再來是廣東話，最後是英語

就是教大家怎麼進行這個演習

接著就有警報

看來是玩真的嘛…

最讓我有意見的是，不能搭電梯…

所以我和我娘拿著救生衣從3F一路走到6F…喘～

一到6樓就有人幫我們穿救生衣

老實說，這是我第一次真正穿上救生衣耶～但還好派不上用場…^^|||

之後就找個地方坐下來等

還不時有攝影機在附近拍攝…

後來我才知道，那個攝影機是在拍要拿來賣的DVD

我和我娘有在DVD出現兩秒…出現的畫面就是愛睏的母女倆～

大約10:10am左右，演習結束了。

這場救生演習對我來說是個很新鮮的經驗…

終於可以搭電梯下樓了～好想睡～

一回房就繼續補眠中…

順帶一提，每個房間都配有服務生一名，

厚～他們真是超愛來打掃的～一天可以打掃個三、四次以上…

為了避免他們又來…我只要在房間裡，就會在門外掛請勿打擾的牌子

 11:00am

我娘把我叫醒，準備等會兒去五樓半餐廳排隊吃午餐

呵呵～至目前為止，我的行程不是吃就是睡^-----^

不然早上的活動很多也很精采，11:00am就有意大義語課程

早一點也有SPA講座可聽、或是手工藝術活動、舞蹈…等

但請注意：俺這次的郵輪之旅定位為 "無所事事" 之旅

"不是吃就是睡" 正是我此次旅行的精神^0^

 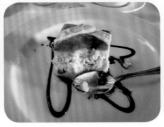 

午餐的菜色很不錯，

心滿意足的吃飽後，我和我娘看看海景後再回到房間裡

發現光是在我們房間裡看海景就很優耶

感覺好棒喔～多花一點$果然還是值得的

和我娘靠在窗旁邊看海景邊聊天

看著船拍打海水的海浪，也聽得到船駛過海面有海浪拍打的聲音喲^^

★中午吃飽飽後在房間裡看的海景

心情好，所以再開了兩包OPEN小將滿天星來吃

接著再來瞇一會兒 沒錯啦～又要睡了～

等會兒2:30pm俺要起床進行我的第一個行程：

就是做SPA

沒錯，我昨天一進房後沒多久就預約了今天的SPA

執行力有沒有很夠啊^^

在花錢的這方面，我的執行力向來是100%呀

哇哈哈哈～～～

2:50pm

我和我娘搭著電梯到8樓的SPA區
一開始要填三面的問卷，可以幫助認識自己的作息及身體狀況。

這回我選的SPA是全身按摩…
幫我娘做SPA的是一名新加坡籍會說中文的女生
而我的則是完全不會說中文，英文也不太溜的義大利籍女生
按摩的過程中，加上SPA的音樂…好舒服好舒服喔～
而且我有請她多按一點肩膀…因為我覺得這邊比較累
沒想到…她按我的腳踝也很痛耶～有種酥麻感～
按摩之後全身都很爽～快～
過程中有一度我忍不住差一點就要流出口水來…
因為太放鬆了…
對對對，這就是我要的relax…

50分鐘這麼快就過去了……
就好像才剛過5分鐘這麼短呢
我出來的時候，我娘已經在沙發等著我了
這回我和我娘的SPA，價值USD $84元/每人。

這裡都不用信用卡或現金，
只要拿出我們的船卡就可以了。
在確認交易時，那個義大利籍的女生一直向我推銷瘦小腹的產品
我太清楚我的惰性在哪…買了也不可能睬瓶用的…
拗不過她的熱情…最後演變成我晚上8：00會再來讓她幫我瘦小腹…

回到房間4點多了，其實現在在6樓酒吧也有教跳Salsa的課程
但是我還在那個relax的氛圍裡…繼續睡…

5點多，換件衣服…
按往例差不多要到五樓半餐廳那兒排隊哩 沒錯…又要吃…^^
搭電梯時，遇到蔡家母女正要去參加船長的第一ㄊㄨㄚ的雞尾酒會
我計劃參加第二ㄊㄨㄚ，因為先吃再說^----^

135

今天在排隊之前，我和我娘先去逛了一下免稅商店～
都是手錶、香水、珠寶之類的東西，沒有我最愛的包包
隨便逛逛沒有什麼逗留～

晚餐的菜色普普，但依舊有水果及冰淇淋…

7:00pm

我們參加船長的雞尾酒會時
已經一堆人在排隊等著和船長照相
其實這個雞尾酒會沒有什麼特別好玩的，
只是有免費的雞尾酒和小餅乾吃吃喝喝吧～
真正穿晚禮服的人很少，但還是有
有一位女生，她穿的綠色晚禮服很顯眼
我因為感冒後本來就不太喝飲料只喝礦泉水，
現在還打算吃暈船藥
當然不可能喝酒咩…
我娘則是喝一點水果酒
啊～才剛吃飽飽的…餅乾也不想吃…
所以這個船長的雞尾酒會，
從頭到尾就只有和船長照相這件事比較有意義一點。

7:45pm

船長的雞尾酒會結束了
距離我的小腹SPA還有一點時間
和我娘一起去我哈很久的賭場看看…

一進去我就聞到我最痛惡的菸味哩～
沒想到賭場是可吸菸區…
先來看看吃角子機的情形,
我看有在玩的人錢都被吃走了…
再走過去看看玩輪盤的情形,雖然不知道怎麼玩
只見玩家的籌碼不斷的被掃到莊家那邊去…
哇～不妙…大年初一的就猛輸錢…
所以和我想的落差很大～～

看到玩的人猛輸錢加上菸味…
我們待在賭場裡的時間不到10分鐘就閃回房間裡去了
而我,則是走回8樓,期待是不是真的能讓我的大腹變小腹哩…

首先她在我大腿和小腿上擦了不知什麼油,她說會瘦… 最好是啦
接著又弄出一大堆的泥,塗在床上,然後我再躺上去
我心想…哇咧…這是大工程嘿～等一下我會不會搞的全身都是泥?
可怕的來了～她拿出一台不知什麼鬼機器…還有正負極端…
埋在塗在我肚子裡的"瘦身泥"…
媽呀～心想我會不會被電死?…?救生激習沒有這一項
然後,那個鬼機器開始動了…就是在按摩我的肚子…
BTW,她說她這樣弄,不到一個月瘦了5kg…
我想如果是這樣搞法,若一個月瘦了5kg,應該是被嚇瘦的,
跟產品無關…

在我邊睡邊驚嚇中度過了這50分鐘…肚肚有沒有瘦不知…
但汗倒是有流一些…
此次的瘦大肚肚驚魂SPA要價USD 120
看到價格時，再度被驚嚇到～～～^^||||||||

活著回房間的感覺真好，這就是所謂的重生吧～
再度有了一個人生的新體驗
稍微整理一下驚嚇後的儀容…

 9:30pm
再去看義大利男高音的演唱

 10:30pm
宴會廳的兩側掛著我們進郵輪時及早上演習時的照片
開始找有沒有我和我娘的照片～找到了，拍的挺不錯的嘛…^^
在泳池旁有教跳Cha Cha，再晚一點還有Disco之夜
但是…明天一早要下船觀光峴港，還是早點睡比較好…
而且船現在很晃～但不怕，有吃藥了～感覺比較像在搖籃裡…
今天睡覺前，要把手錶調慢一個小時…和越南的時間一致。

再研究一下TODAY及所附的新聞後
早早入寢…
因為搖晃像在搖籃裡，還叫我娘唱一下搖籃曲應景一下
今天就這樣度過了不是吃就是睡的一天
開始有點期待明天的越南峴港旅行……

2009.1.27
Day Three

今天也是一大早就起床了…
差一點可以看見日出
日出時間在06:05am，但我睡醒時已經是06:15am。

8:00am

準時在五樓半餐廳集合
對了，我一直說五樓半餐廳，其實她是有名字的
叫蒙馬特爾（Montmartre Restaurant）餐廳。很繞口呗…

今天要帶著護照影本 船公司並沒有把護照還給我們
船卡、越南登陸卡這三個重要文件…
還有超興奮的心情…終於可以下船遊玩了～

一下船後，氣候還滿好的，
大家先拍拍照 呵呵～我們是觀光客咩
再到超迷你的越南海關入境…
現在我們到的地方是全越南第四大的港口：峴港

08:18

08:20

★超迷你的越南海關

13:52

139

接著我們就要拿著車票上遊覽車，
在撕車票的當下，越南導遊會給我們貼上貼紙
好辨認我們是哪一團的，啊我們這團是28號哩…

出發後，看到好多的大木頭和貨櫃…後來才知道都是台商的，
後來發現，越南幾乎都是台商的天下耶～
像是台塑、萬海、陽明、寶成…等等。

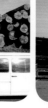

★剛上車的景色，都是台商的大木頭

The Vision into the eyes...

首先呢，我們的第一站是**胡志明博物館**
er…就是紀念胡志明先生的一個地方哩…

沿路看到的建築物色彩很繽紛，不過都很小…
另外，今天越南也是過大年初二，
所以家家戶戶前都有掛國旗，感覺挺有年味的
國旗是紅色底，一顆星星…
以上就是我對越南短暫的印象…

08:28

08:37

我們到了胡志明博物館，剛進來的時候就看到有戰車
似乎在述說著越南戰爭的歷史
我們先去上個廁所…
聽聞廁所沒有門啦～而且乾淨度很低呀～決定不要進去…

我們的越南導遊鍾先生，他的中文聽起來有著濃厚的 "港式國語"
我想，他應該廣東話比普通話溜…
於是乎～聽他的國語很吃力…
現在的越南已經沒有在分什麼北越南越了，
如果有，就是以地理位置分別而已，
但給人的感覺就還是停留在共產國家的色彩很鮮明。

141

由於越南過去曾被法國佔領
從鍾先生的語氣裡充滿著被法國人佔領的辛酸 沒人權不自由之類的
那現在的越南就有人權很自由嗎？？
原本我想問這個問題的，後來想說不想扯到政治議題就不多問了。

★胡志明先生的住處

★胡志明先生住處外一景

★胡志明博物館內外

★峴港街道一景

The Vision into the eyes...

9:20am

我們現在到了**寒河**旁，

赫然看到了一整排的三輪車等著我們。

這三輪車很特別耶…騎的人在後面，坐的人反而在前面

袁先生一直提醒我們千萬不要給他們小費

安的啦，偶沒有面額小的美金…

我的三輪車阿伯一看到我超熱情的…想辦法要和他寒暄個幾句

阿伯：phone？

曼玻魚：微笑加沉默…

曼玻魚內心OS：手機在郵輪裡…phone什麼？

阿伯：I Vietnam，You？

曼玻魚內心OS：喔…原來他的phone=from啊～

　　　　　　　這個發音也太搶眼了吧～

曼玻魚：Taiwan。

然後阿伯還很興奮的跟其他三輪車阿伯說我們是從台灣來的…

出發囉～這位阿伯開始飆三輪車哩＞＜

哇哩咧我從原本中間的位置，

很快的變成在最前面的第一台三輪車

我還能往後照一下我娘坐三輪車的照片，
雖然現在飆車中…但我還是能照沿路的風景…
只是難度有點高就是了。

★坐三輪車時看到的峴港街道景色

有個騎機車帶著小孩的阿伯，
看到我拿相機，興奮的一直跟我打招呼～
很可怕耶…這位阿伯…他騎著機車，但頭一直往後看
這邊的人都挺可愛的嘛…

★我娘坐三輪車的樣子

★坐三輪車時看到的
峴港寒河旁的景色

The Vision into the eyes...

寒河沿岸很美～但就是有點感覺像是刻意營造出來的那種美…
我還有看到賣著麵包的路邊攤，
袁先生曾介紹過這越南道地的麵包，郵輪上早餐也有提供。

★越南當地的路邊攤！這個超有
特色的！從這些麵包不難看
出他們還是有受到法國殖民
的色彩，麵包和文字都是…

他們有著法國殖民的色彩…麵包和文字都是…
一路上我發現到處都有人在賣造型汽球…
老實說，如果我不是出國旅行，看到這麼多人賣，
我也會想買一個耶～
昱玻魚媽：妳什麼都想買啦…對啦對啦～是這樣沒錯^----^

有兩次三輪車差點被撞：第一次是機車，第二次是汽車
但是…他們就是很剛好、很有默契的互相閃過…^^|||||

★到處都有人在賣造型汽球

這回的三輪車之旅為時約15分鐘，
終點站是全峴港最大的電影院
哈哈～現在上映的戲碼是 "梁山伯與祝英台"

開始…越來越感覺現在的越南…
就是過去經濟還尚未起飛的台灣，
似乎像坐了小叮噹的時光機…回到了那個時代……

 9:50am
遊覽車就在戲院門口的對面等著我們
現在我們要到五行山下的**石雕村**觀光
一到石雕村就看到幾乎每家都有很多的大理石雕。

★全峴港最大的電影院
　現正上映梁山伯與祝英台

★往石雕村沿途的路邊攤

10:11

10:12

先簡單介紹一下五行山好了
就是由5個石灰岩小山組成的；每座山都有山洞，佛塔和神廟
在一座叫**Thuy Son**的山可以在山頂俯瞰峴港及其他的山。
稍後我們會去，即將發生大粒汗小粒汗爬山事件

145

我們找了一間大理石店參觀 但主要是上廁所，這裡比較乾淨了
在這間店待了約半個小時，
在這短短時間內，已經有人買了好幾個玉鐲
這麼快…？
所以，娘～我並不是什麼都要買的人好嗎…

★石雕村內某店的石雕作品

接著到了附近的五行山，
現在要"走"上一百多個臺階到一個廟裡拜拜
每個臺階都是石頭，高低不平，
我和我娘"走"不到20個臺階…
我開始就不行了啦～首先要我娘扶著我才能"走"上去
途中還有袁先生加入幫忙扶…
最後我幾乎是"爬"著臺階走上去的，
就真的是爬上去，成為名副其實的"爬山"
到了廟口…已經是大粒汗小粒汗的滴～好辛苦喔…

廟的後面，還有水簾洞可以參觀…依舊有石階… 還爬？
接著鍾先生又很熱心的帶我們去參觀另一個石洞 又爬…
雖然有觀音菩薩…但是還是覺得
裡面超恐怖的，很暗，又有可怕的石階
我走到一半看看就好了…

呼～終於回到廟口等其他人時，
袁先生說從右邊走，可以走上山頂看全峴港的風景

★五行山上幽靜的山洞

147

11:01

11:02

於是乎～我和我娘走過去看看…
又看到石階… 晴天霹靂…又要爬？
我大概才走到第三個還第四個石階，
就把相機交給我娘哩…
俺還是乖乖的在廟口前等就好了。

★眺望峴港

★ 五行山上的廟

現在，問題來了…

要下山了…

嗚～對我來說下山比上山更辛苦…

因為感覺更陡耶…

在此非常感謝袁先生…

要不是他一路扶著我下山…我可能要快天黑了才下得來～～～

他還叫我太后…呵呵～我習慣大家叫我天后久了～

這新名詞不錯…

小袁子…很好很好…

 11:40am

再度的大粒汗小粒汗的到了山下…

現在我們要去吃午餐了

這回的午餐是很道地的越南菜色

老實說…越南菜不太適合我的口味呀

醬油是很鹹，但麵很清爽就是了

比較值得一提的是水果…超甜的～^----^

★ 越南風味溼紙巾

袁先生開始說越南咖啡的事情

早在我還沒來越南前，就已經聽聞不少關於越南咖啡的事了。

他說自從他兩三年前喝到越南咖啡之後就愛上這個味道

所以這回有時間的話，他要到市場買個一箱回去。

曼玻魚個人對於咖啡是完全不喝的，俺說過了嘛

酸甜苦辣我只吃喝甜是也…

對我來說，咖啡等於苦，

是可以加糖沒錯，但人生又何畢這樣多此一舉呢？

直接喝甜品不就好了。

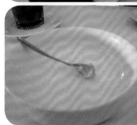

他請我們每人都喝一杯咖啡

哪怕是加了半罐的煉乳，還是苦咩…

首先…咖啡就倒這麼一點，然後加上煉乳，再加冰塊…

最後就是真正的越南咖啡哩

不過還是要想辦法讓咖啡變成一整杯，

成為淺咖啡色的時候才喝

所以一杯咖啡可以搞很久的時間…

1:00pm

咖啡足飯飽之後，現在我們要往**寒河市場**邁進

滿足一下袁先生和其他團員的購買慾…^^|||

大約十多分鐘就到了。

 The **Vision** into the **eyes**...

★走往寒河市場沿途

不幸的是，越南今天也是過大年初二

根本沒有什麼商店開嘛

只看到一間小小的路邊攤，老闆娘只有一盒咖啡…

★ 和附近建設美美的寒河
　有些對比的建築物

1:15pm

我們到寒河旁邊照照相…照完了就要回去郵輪那兒了
要到寒河旁的途中，看到了真正比較屬於越南一般人住的屋子
和建設美美的寒河河岸有著強烈對比…

13:16　　　　　　13:17

151

1:50pm

回到郵輪前的迷你海關時，再度又看到了一堆台商的大木頭和貨櫃
啊～再見了…峴港～

現在才2:30pm，距離下午茶的時間還有一個小時
有點餓了，再從行李箱拿出第五包OPEN小將滿天星
還有巧克力消化餅來喀
高興高興～幸好俺聰明，有帶一些零食來…
結果在等著吃下午茶的過程中，我和我娘睡著哩…
我也忘了設定鬧鐘叫醒自己記得吃下午茶
等到醒來時，已經超過4:30pm了
沒關係…5:30pm以後就可以排隊吃晚餐囉^^|||

由於還有團體是去觀光順化皇城或會安古鎮比較遠的地方，
所以船還沒開
我想到甲板上去照些照片…
可是風大到一個不行…我有種覺得我會從甲板被吹到海裡的感覺
所以也只拍個幾張就閃回房間裡了…

 6:00pm

我和我娘依舊在五樓半餐廳吃飯，
也依舊坐在我們從第一天開始就坐的老位置
今天的晚餐超好吃～而且氣氛很棒！

晚上，餐廳有個主題叫義大利之夜
吃飯吃到一半時…
開始只見服務生們都拿著白色的餐巾轉動著
接著幾乎所有的人也都一起拿著白色餐巾轉動
音樂是義大利風格的音樂，整個氣氛超好玩的～

然後看到大家開始跳舞…這時候…
一位男廚師也到我前面向我邀約跳舞…
啊～好害羞～我很想跳…但不會跳…
這麼想著時，我還是站起來了
他把我的左手放在他的肩膀上，把右手放在我的腰後
接著再握住我的右手，開始跳舞，還跟著音樂唱著歌…
我坐回坐位後才發現我娘沒有照下來啦～氣死我了>＜

接著所有的人手搭著肩一起跳舞…很熱鬧呀…
最後還有三個廚師SOLO，超可愛的～
今晚很high耶～對我來說又是一個很特別難忘的經驗…

吃飽飯後，我到了美倫奴洒吧（Murano Grand Bar）看看
剛好遇到蔡家母女，蔡媽媽要參加等一下7:30pm的舞蹈課程Ballista
喔～那個教舞的老師超帥的啦…超喜歡他的…
蔡媽媽跳的很起勁…我則是站在旁邊看到發呆呢…
後來才知道他的名字叫Francesco…

8:30pm
我們到了宴會廳聽歌…其實宴會廳也是有名字的
叫弗萊比格（Follies Bergeres Ballroom）
這個樂隊叫做Sugar & Candies。

接下來9:00pm的活動，沒想到是我最愛的Francesco來帶動的耶…
首先呢，他把我們分成兩組…一組是Funiculi，一組是Funicula
我們這組是Funiculi…
現在呢，只要他的黃色棒子點到哪邊，那邊就要喊一下
嗯嗯…全力配合的啦！
我可是很努力的喊Funiculi呀…
原本還有一點害羞…啊～豁出去哩…
過程還挺好笑的，玩的很開心。

9:30pm

還有秀可以看

今天這40分鐘的秀很棒耶…一整個義大利風格…

 10:15pm

甲板上還有一個義大利之夜…跳Tacco&Punta感覺很好玩

但是有點晚了，明天還是要早起…所以就沒參加了。

要回房間前再看看有沒有我和我娘的照片…

找到我和我娘跟船長的合照，還有在餐廳照的照片…

怎麼辦，都很好看耶～決定通通買下來好了^------^

今天一整天我玩的非常的開心…

現在事後想想…我真的是太害羞內向了…

每次我講我害羞內向都沒有人相信，

但是事實就真的就是這麼樣的一個人嘛…

未來要讓自己更relax之外，也要讓自己更放得開一點～

而今晚的船，異常的風平浪靜…一點都不晃…

看來是我漸漸的適應在船上的生活了吧…

但我的心…還在噗通噗通的呢… 害羞

2009.1.28
Day Four

依照TODAY的說法，

就在早上7:30am時可以看見越南小島，距離約兩海厘

一小時之後會到達下龍灣，會有很多各種造型的小島出現在我們面前…

真的耶…一睡醒從窗外看出去…

真的有很多各種造型的小島耶～好特別～

吃完早餐後，和我娘一起到甲板上去拍個照片

今天有比較冷…有點像寒流來的感覺～

★從船上觀賞下龍灣景色

拍著拍著，我娘發現有一堆小船往我們這兒駛過來
對耶…還不少呢～後來還發現已經有船停在我們郵輪的旁邊了。

★在甲板上發現有好多小船往我們的方向駛進

嗯…看來是要來接我們出去玩的，
趕緊回到房間做準備，結果一回房間
從窗戶外一看…哇～超多小船的…好好玩喔～

The Vision into the eyes...

09:44

09:41

09:40

後來才知道因為港口太小了，我們的郵輪只能停在內海中…
然後再大船接小船，帶我們去遊覽，
海關就直接設在郵輪的2樓…

10:00am

我們走樓梯到2樓…準備搭接駁的小船出去玩

今天我們這團是1號。越南導遊叫阿蓮,我很喜歡她的聲音,

而且她的國語聽起來順多了。

一坐在小船內,就立刻會有人來賣小東西

其中呢,我對磁鐵和越南幣比較有興趣一點…

可是語言很不通耶～不過我知道一件事:就是他們超愛人民幣的

美金不太愛收,港幣和台幣則是完全不收。

賣東西的女生一直稱讚我很美…她是用beauty,不是用cute喔

價格便宜點,我一定會捧場的啦～^-----^

到船的樓上要走一個小小陡的樓梯,我有點怕怕的,,

後來袁先生說他會在我後面看著…慢慢的走上去…

一上去後…哇～超美的～～

下龍灣呢,有個傳說,叫做“為天上的龍下海之處”

海上的小島都是由龍的尾巴所變成的,很浪漫吧!

157

★一格格的都是養殖的漁貨　　★下龍灣的水上人家

The **Vision** into the **eyes**...

阿蓮在船上很認真的介紹了越南和下龍灣的概況：
下龍灣面積約有1500平方公里，小島也約在1500-2000個。

阿蓮問我坐郵輪好不好玩，裡面是怎麼樣的…
我還跟阿蓮說，那艘就很像我們坐的郵輪～
裡面還滿多很好玩的活動…
結果，我所謂的那艘郵輪就是我們坐的郵輪嘛…
有黃色的煙囪和C的LOGO

我問了阿蓮現在看到的房子大概要多少錢才能買呢
她說大約要七八十萬人民幣 她現在什麼都用人民幣量化就是了
不便宜耶…我想…
她們的房子很好玩，都很"瘦"，
因為政府規定寬的部份只能有4米長
但不規定屋子的長度，所以他們的屋子都是屬於狹長型的。

大約過了一個多小時，小船在沙灘前要上岸了…
現在我們要先去吃午餐

今天的午餐我覺得比昨天好很多
呵呵…但還是…沒有很合口味啦…^^

🕐 1:00pm

吃飽後，搭車差不多5分鐘，
我們要來看**水中木偶劇**及**越南舞蹈**
這裡感覺有點像是什麼民族村之類的地方。

木偶劇的原理，後來我看懂了，有兩根以上的竹竿在操作木偶
只是竹竿在水裡不是很明顯；
後來結束時，操作木偶的八個人有出來向大家招招手。

舞蹈就更不用說了，有一點點小沉悶耶…
有些坐不住的人還提早走…還有人一直喊還沒結束呢…
希望跳舞的人聽不懂中文，不然有些尷尬的說～

★水中木偶劇

★越南舞蹈表演

 2:20pm

我們再驅車前往**下龍市場**去逛逛⋯
附近有一間廟⋯讓大家參觀
這邊充滿著濃濃的年味⋯

 3:00pm

我們要往剛剛下船的那個海灘等小船來接我們
經過一座橋時,再度看到我們的郵輪⋯因為有很亮的黃色煙囟^^

▲又兩人在賣汽球了

 3:15pm

到了之前下船的那個海灘
這邊有一個**下龍夜市**，
下龍市場有不少小飾品，也有不少看起來就知道是仿冒品的東西
尤其超多有著猩猩那個牌子的包包…
我們在此可以逛一小時，有點久耶^^|||

逛沒多久，我就回到海灘附近坐著等了
袁先生和阿蓮他們正在喝咖啡呢…
漸漸的，越來越多人都來坐著等時間
其中有個人買了水果餅乾請大家吃…
只能說…別有風味就是了…^^|||||

The Vision into the eyes...

15:55

15:55

這一回…我覺得阿蓮很盡責的為大家服務解說
所以跟她買了兩套越南幣，她剛開始也是希望能拿人民幣
以後我會記得要換一些人民幣的
她的**18800**越幣=1美金；
聽說剛剛在小船上是18700越幣=1美金。

★ 港幣

★ 越幣

那現在我的包包裡有美金、港幣、台幣和越幣…
家裡還有新加坡幣和日幣…
心裡想著以後我會賺很多國家的錢～Yeah～～

4:30pm

小船來接我們了…現在只要10分鐘就可以回到郵輪那兒了
在小船上，我突然覺得好快喔…
今天已經是第四天了呢…後天就要回台灣了…
不想回去啦> <
總之…要跟下龍灣說聲再見了～～～
好依依不捨喔……

今晚是船長party，所以要更早到點菜餐廳前排隊
而且，要換一下服裝…
我們回房間時都已經5點了呢…時間有點緊湊呢…

6:00pm

今天大家相約坐在一起吃晚餐

我和我娘及袁先生一桌

因為氣氛太好了

袁先生還請大家喝紅酒…

其實…我不喝酒的…

但是看他這麼破費的請大家，還是捧場喝一下好了。

接著是船長請的香檳…

所以我的桌子有紅酒和白香檳…這是我第一次喝了這麼多酒…

今晚吃的太高興了～更覺得很依依不捨耶～～

我跟我娘說，算起來今晚是可以狂歡的最後一個晚上了耶

一來明天早上沒有morning call，二來明天的現在就要忙著準備行李了

所以今天一定要連除夕那天沒high到的一起補回來～

The Vision into the eyes...

晚上九點有個化妝舞會，但是我不是很想參加
所以去買個照片先，從之前到今天買的照片，已經USD 38.35元了呢…
沒辦法…人美…怎麼拍都美…^O^
再回房間瞇一下，等會兒晚上9:45還有秀看。

9:30pm
再搭電梯到6樓去～
呵呵…化妝舞會還在high耶…
我看到了蔡媽媽也在裡面…
蔡小妹的臉被畫成小花貓…只能說她超有勇氣的～
原來真正豁出去的人是她呀…

今兒個晚，我坐在第一排，所以看的很清楚
我發現正在台上唱歌叫做Martin的男生也好帥喔…

10:30pm
我們和蔡家母女一起到甲板上
今天的主題是懷舊舞會…還有冰雕展示…
才剛坐定，發現正在教跳舞的帥傢伙是Francesco…
就這麼愜意地坐在甲板上
宵夜已經開始了…我們吃了一點甜點…
不知不覺的已經晚上11點半了…
蔡小妹提醒我要調快一小時回到原本的時間
所以現在已經是零晨12點半了～
驚嚇…都已經這麼晚了呢～

深夜坐在甲板上吹著風感覺還不錯耶～
這也是一種享受呀～好棒呀…

今天真的過的很充實，很滿足呀！
到現在才開始適應郵輪上的一切，但卻快要離開了…
就剩明兒個一整天在郵輪上了，我會好好珍惜的～

2009.1.29
Day Five

今天算是在郵輪上的最後一天了
TODAY上寫著：
「在早上7點左右，郵輪將接近瓊州海峽，
這時我們在海南島的西南面。
大約早上8點左右，進入瓊州海峽，約航行50英厘，
可以在我們右邊看見海南島市中心 — 海口市。
約在下午1點半，繼續在公海航行直至我們抵達香港。」

因為昨天玩得太晚了，到了半夜才睡覺
所以…要好好把握唯一沒有morning call的一天
以至於～我睡到早上十點半，還賴床到十一點才心滿意足的起床…
呵呵～沒看到海南島，當然也沒看到海口市囉…
只知道要回香港了，想玩的心還沒結束…

整個早上郵輪的活動當然沒參加囉…
今天…是這整個旅行以來睡的最爽快的一次
看看窗外的海景、和我娘聊聊天、再梳妝整理一下
大概到了中午十二點才出房門
中午沒有刻意去排隊佔位置，但也挺好運的坐到我們的老地方。

午餐也非常豐盛
用餐約1個小時多一點，回房去休息一下…

稍候，我和我娘要再去做SPA

這個空檔，為了看拍攝的DVD成果，我打開了電視 *好久沒看電視了*

我和我娘的鏡頭好少喔…但我還是決定要買DVD，畢竟這也是我的回憶嘛…

🕐 2:00pm

我和我娘到八樓做SPA

今天可以兩個人在一個房間SPA耶～好高興喔…

呵呵～和我娘 "裸裎相見" …好害羞哩^--^

這次的SPA，我非常的放鬆…很享受每一秒鐘…

50分鐘好快就過去了～那種放鬆的感覺真的好棒～

我真是太謝謝幫我按摩的那位義大利女生了…

要刷船卡時，我特地問了她的名字

原來她叫Dalila，

我還和Dalila擁抱一下，謝謝她的SPA，讓我這麼放鬆、享受…

這回抱一下有差，同樣的SPA，但有折扣，這回是USD 73.5/每人。

下午，我和我娘仍在房裡看海、聊天、休息

看著夕陽橘紅色的光撒在藍藍海面上的樣子，好美喔～

這種感覺真的很棒耶…

5:00pm

有郵輪員工自己表演的秀，
已經越來越有說再見的FU了。

眼睛 The Vision into the eyes...

 6:00pm

又要吃晚餐哩
呵呵，真的不是吃就是睡耶～
不知道是不是因為Dalila幫我瘦小腹的關係
我過著這麼庸懶及充滿食物的假期，
並沒有胖耶…而且還瘦了一點點。

用餐時，服務生還送大家每人一朵玫瑰花
我想，大概是因為這是我們在郵輪上的最後一次晚餐吧…
收到花感覺挺好的…

這回在郵輪上吃的東西都很豐盛
只是都有義大利麵這道食物…我很確定的是…
在未來的半個月內，我大概完全不想吃到義大利麵這東西…

要離開餐廳之前,我和我娘特別向那位中國籍的服務生道謝
謝謝她的服務讓我們可以快速順利的用餐。
她的名字讓我有點小驚訝耶…Li Pei
我有看錯嗎? 李賠?(開玩笑的) 哈哈哈哈~
我不是故意笑那麼大聲的^---^

唉喲~從Dalila到Li Pei
都讓我有這趟旅行已經要結束的愁悵感呢…

吃飽飯後…我和我娘再度到免稅商店去瞧瞧
遇見了蔡家母女…
第一次認真的研究RADO錶…原來醬貴~
雖然說USD 7300是已經打了八折的價錢…嘛是貴~
所以"哇~哇~"個兩聲就走哩…

接著和蔡家母女,四個人一起在酒吧坐著聊天
對我來說也是一種很特別的感覺
約莫聊了一個多小時吧,
已經八點半了,我和我娘要去買DVD
這三片要價USD 54.99的DVD紀錄著我的回憶…
臨走之前,對方還特別送我一個鑰匙圈當紀念…好高興呀~
要不是我的話,我想我娘完全不會想買的啦…^----^
然後她就會說,妳什麼都想買啦…

★DVD

★鑰匙圈

回到房間也已經晚上九點多了

其實今晚有個要付費的秀可以看^----^

我還滿想看的，只是要整理行李…

郵輪的規定還滿奇怪的，大件行李要在半夜1:00前放在門外

他們會來收，那代表我要整理一下明天要穿的衣服。

還有今天也要早點洗澡，盥洗用具也要收到行李裡

不然明天的手提行李會很多東西。

另外，我還花了一點時間填問卷…

問卷很不貼心，是英文版的…還不少題目…

我還很雞婆寫英文提供一堆意見，

其中一個意見就是賭場的改進啦～這麼多菸味是要怎麼玩啦～

希望我和我娘能抽到2010年東南亞雙人旅遊的大獎呀^------^

 11:00pm

我把行李都放在房門外了

要睡覺前，再看一次窗外，

·今天的浪花也很大，但船沒有很晃…

原來這就是郵輪旅遊，

在海上坐郵輪是這種感覺…

我想，我只能盡量用文字形容

但實際上的感受，還是要親自體會看看才知道的…

啊～真的好依依不捨喔～

快樂的時光總是過的特別快……

The Vision into the eyes…

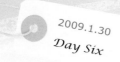

2009.1.30
Day Six

今天早上8:15要在六樓集合準備下船
早早起床後去吃早餐，吃到好好吃的年糕喔～

 8:15am
我們算還滿準時的就可以下船了。

不到9:00am，我們就已經拿完行李，坐上遊覽車在香港觀光。
我們首先要到**黃大仙廟**去參觀，但是聽說人很多
呀呀～從新聞得知，今天香港的大頭們去抽國運籤，
結果抽到了下下籤…

一到黃大仙廟，我整個記憶就出現哩
國三考完高中的那個暑假我來過嘛～想起來了～
倒是法輪功的人對於宗教的熱情及狂熱
著實讓我嚇了一小跳呢
雖說香港是言論自由的地方，
但怎麼說，現在的香港已經回歸中國大陸管轄了嘛…
只能說真是勇氣十足呀～

黃大仙廟的人挺多的耶～
但霍先生說人還不算太多，蔡媽媽也說龍山寺的人更多
兩位是這麼說啦，但我們仍因為人多只是繞了一圈參觀而已
並沒有到裡面去
而且繞這麼一圈，就有好多警察在維持秩序… 人還是挺多的嘛…
我也看到有人非常虔誠的跪在外面在祈求
繞了一圈，圍在大家的香火內…也是有保平安感覺～
想必今年也是能順順利利的度過吧^0^

The Vision into the eyes...

下一站要坐纜車到**太平山頂**

國三那次來香港搭纜車到太平山頂是晚上的時候，
是為了要看夜景。
這回來這裡，舊地重遊，
時空背景都不一樣了…
現在的我，不再只是個小孩子了，
唉～感觸好多…

到了太平山頂，天氣很好，沒有霧；
霍先生開始解說每一棟建築物…

09:44

09:49

0951

09:52

★山頂廣場內一景，很有年節的氣氛

The Vision into the eyes...

★可愛的垃圾桶

★太平山頂旅遊諮詢中心

11:30   11:30

之後再給我們大約40分鐘的時間隨意走走逛逛…
東照照西照照，再逛一下
40分鐘很快的就過了，原本還覺得有點久，
後來反而還覺得太短了^---^

現在我們要出發去吃午餐了
到香港之後的感覺，就是香港的路都窄窄的，
房子與房子的距離都好近…
和越南差不多，只是香港的建築物都是高樓大廈…
叫什麼來著…對啦，地小人稠…

 11:30am

我們到了要吃午餐的地方，
也許是在郵輪吃太多天一樣的口味了
總覺得今天的午餐特別特別的好吃
而且還有很可愛的椰子兔好好吃。

★好吃的椰子兔

★淺水灣一景

The **Vision** into the **eyes**...

★路經的賽馬場

 12:50pm

開心吃飽飽後，我們要去**淺水灣**參觀
一到淺水灣後，我國三時的記憶就整個回來了
哈哈～我還記得那時剛好高中聯考成績公佈
有位爸爸還打電話回去問成績呢
而我呢…當然不用打啊～我自己考幾分會不知道咩…

霍先生說許願後把銅板丟到魚口裡就會許願成真
因為太高了，我和我娘都沒能把銅板丟到魚口內…
但是，我還是有感受到在這裡的好風水
拜了財神爺、月下老人和四面佛…
深信回國後的我…會有接連的好事發生…^0^

177

13:39

13:39

14:05

14:05

2:00pm

在淺水灣停留一個小時後，距離要去機場的時間還有兩個小時
為了殺時間…我們再往回市區逛**時代廣場**
一到了時代廣場，我先去逛位在1樓的Ferragamo
看到一只紅色鑲鑽的手錶，可是要港幣30000多…
雖然比RADO的USD 7300便宜一半哩…嘛是貴><
考慮到我還想去歐洲玩…忍住～不准買～逃離現場…

眼睛 The Vision into the eyes...

★時代廣場內一景

★時代廣場附近商店的櫥窗

★時代廣場外就是銅鑼灣站

★ 在時代廣場4樓吃的蛋糕

接著和我娘慢慢到樓上一層一層樓逛
先是2F的Coach，走走就出來了；
再來是4F的FURLA，也是看看就出來了。
逛街的同時要找個地方休息一下，
時代廣場給逛街的人休息的地方並不多…

我們在4樓皇后餅店找到一個可以坐的地方
不免俗的要點些東西
我點香蕉朱古力蛋糕（HKD $28），
幫我娘點芒果慕司朱古力蛋糕（HKD $33）
再點兩瓶果汁，含10%服務費，總共要HKD $133.10元…

★戰利品

 4:00pm

我們再度走過青馬大橋回機場

到機場時才5:20pm左右,

我問袁先生不知有沒有機會能提早搭機回去

結果因為5:50分的機位滿了,我還是得搭晚上9:35起飛的KA450。

飛機還沒來…但可以先check in少提一些行李…

和大家說再見後沒多久,我到了Folli Follie買了一個包包和錢包^0^

The Vision into the eyes...

16:29

16:30

16:30

★機場內的商店

機場2樓有兩間港式餐廳
我到恒香棧這間吃晚餐，
我點了雲吞麵（HKD $33）、幫我娘點鮑魚蝦球粥（HKD $96）、
再點一份我最愛吃的蝦腸粉（HKD $48）以及豆漿來喝喝（HKD $22）…

★港式餐廳

7:00pm

坐到晚上7:00左右，距離我們的起飛時間還有2個小時35分鐘
還有好久喔…看到了我們的登機口是22，決定先進去海關好了

沒想到進去後，還有好多地方可以逛耶…
幸好有先提早進來…Yeah～
逛到一半時…發現到香港迪士尼的商店…超高興的～
買了很可愛的筆數枝HKD $45*5+HKD $35*3、
還有鑰匙圈HKD $60*2、手錶HKD $450和衣服HKD $180
在此花了港幣1,080元…高興高興^0^
這邊還有很多很可愛的東西…
像是Stitch的吹泡泡機或是維尼小熊的抱枕…
呵呵～好加在有這個櫃可以逛…
晃了一個小時左右才離開…

我們到閘口前已經差不多9:00pm了…
等沒多久就準備登機，我看了手錶，還沒9:35pm飛機就已經在準備起飛了
太好了，連飛機都知道要趕快回家去…
而且今天順風，聽說預計一小時就能到高雄…Yeah～
今天的飛機餐是雞肉飯，看起來也好好吃
可是沒什麼食慾…所以又把雞肉飯還給空姐了。
超羨慕我娘食慾這麼好，還能吃完好吃的雞肉飯
果然只有一小時就到高雄哩，睡不夠呢～

這令人愉快的六天五夜…就在依依不捨之中就過完了！
出去這麼一趟…覺得自己是台灣人真好…
一來是從阿蓮和Li Pei她們的眼神和語氣透露出對Taiwan的嚮往
也是…在台灣有著真正的自由；
二來食物好吃又便宜
我，是生活在如此優渥舒適的環境裡…

這一趟旅程，我很感謝遇見不扭捏的蔡媽媽
她在很多活動上都盡力的參加：
舞蹈課啊、化妝舞會…等等。
因為有她，我才有更多的動力參加更多的活動…

由於俺這次的郵輪之旅定位為 "無所事事" 之旅
"不是吃就是睡" 正是此次旅行的精神…

當然啦，我也可以100%遵守我的 "不是吃就是睡" 精神…
把大部份的時候就留在船艙裡
我還是能好好休息享受沒錯。
只是，會少體驗到參加活動的未知精彩
我的旅程可能會缺少另一面的豐富和活力…

突然好喜歡探索 "explore" 這個字喔
我覺得explore很適合當我這次旅行的主題…

我常在想，我上輩子一定做了很好事情
這輩子才能夠認識這麼好的人
所以至目前為止的每趟旅遊，
我都很幸運的認識到不同的人。
我想，這也是我旅遊中最大的收穫之一…

所以，我這輩子一定也要做很多好事情
希望延續我這輩子的好運到下輩子
還能不斷地和很多人結好緣…

★時代廣場外的街景

最後是我在香港機場要出境前看到匯豐銀行的廣告：

The more you look at the world,

the more you recognise

what really matters to people.

（對世界認識越深，就越了解每個人有不同的價值觀）

不要讓中文翻譯限住了思考的框框

我很喜歡這句英文，不知道為何

越唸越有很多想法……

這次的旅行對我來說收穫真的很多

有些…是很難用文字表達的

一定要實際去體會過才知道。

謝謝我爹娘…讓我有銀兩有伴去旅行感受…

好愛你們喲～～～

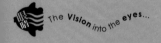

The **Vision** into the **eyes**...

WESTERN EUROP
荷比盧
2008.4.23

荷比盧

看了很多行程
最後決定荷蘭這個國家
主因乃是荷蘭的Keukenhof花園
這個花園很妙，一年只開放兩個月
嗯嗯…就決定去荷蘭吧

其實…一月底才剛出國
理論上不會這麼快再出國的
但是，一想到五月有個勞動節及端午節可放假
不趁這個時候請假出國
真是太對不起自己了

有鑑於在月底的端午節應該會不少人想請假
我打算請勞動節這天；而且…
通常出國回來後挺累的，
還能趁端午節這個假期休息一下
我很聰明吧^-^

只是…
要去哪裡呢？

看了很多行程

最後決定荷蘭這個國家

主因乃是荷蘭的Keukenhof花園

這個花園很妙，一年只開放兩個月

今年是從3月19日開放至5月21日

而且從介紹看起來

似乎很值得我坐十幾個小時飛機過去拜訪

嗯嗯…就決定去荷蘭吧！

接下來就是行程的考量了

A旅行社是去荷比法：第二個人團費還少15000，

而且小費全包

B旅行社只有去荷比盧：團費比A旅行社還貴1萬，

重點是第二人團費沒減，小費另加

A和B旅行社都有我想去的Keukenhof

先不看價格…我也好想去法國喔

但是後來我參加的是B旅行社：不但多了很多摳摳…

也去不了法國

參加的主因只因為B旅行社是搭長榮的班機，

而A旅行社是搭華航的

有什麼不同咧…

這就是我跟我娘說的小驚喜啦

話說…我也快30而立了…體力上正漸漸的衰退中

之前坐飛機頂多4個小時，就有點坐不住；

更不用說現在要坐10多個小時…

況且一下飛機就要開始玩耶…這麼拼

所以我寧願多花一些錢升等艙位，從經濟艙改為客艙

長榮可以，但華航沒有：華航只能經濟艙改為商務艙

呵呵…商務艙的價格很誇張的貴…坐不起哩＞＜

基於航空公司的問題，完全傾向選擇B旅行社。

The **Vision** into the eyes...

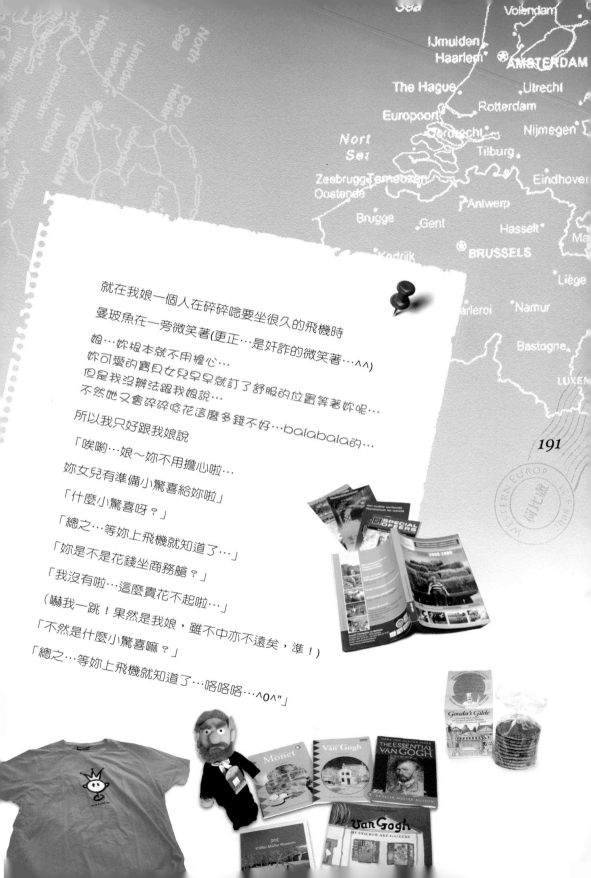

就在我娘一個人在碎碎唸要坐很久的飛機時

曼玻魚在一旁微笑著(更正…是奸詐的微笑著…^^)

娘…妳根本就不用擔心…

妳可愛的寶貝女兒早早就訂了舒服的位置等著妳呢…

但是我沒辦法跟我娘說…

不然她又會碎碎唸花這麼多錢不好…balabala的…

所以我只好跟我娘說

「唉喲…娘～妳不用擔心啦…

妳女兒有準備小驚喜給妳啦」

「什麼小驚喜呀？」

「總之…等妳上飛機就知道了…」

「妳是不是花錢坐商務艙？」

「我沒有啦…這麼貴花不起啦…」

（嚇我一跳！果然是我娘，雖不中亦不遠矣，準！）

「不然是什麼小驚喜嘛？」

「總之…等妳上飛機就知道了…咯咯咯…^0^"」

2009.4.23
Day One

今天要先到小港機場搭華航接駁機CI 308到桃園機場
是晚上8:20的班機
所以其實這一整天…只是請假來休息
做做 "我要去荷蘭之身心靈調養" 的舉動
例如：睡到中午自然醒…好告訴自己我現在是在渡假中
但從下午睜始手機還是不斷的響起…都是公司打來的…很不想接…
可以不必在半夜整理行李，
睡到自然醒之後再開始打包行李也都來得及…

話又說回來
從一開始我只知道我要去荷蘭的Keukenhof以外
就完全沒什麼關心還要去哪些景點：
就連華航接駁機的時間，我也是要出門前才比較清楚的
反正就是懶得看旅行社給的行程表，我也不清楚這是什麼樣的心態
但好歹我還是有做一下功課的
我曾上網查詢一下荷蘭的天氣，發現我要去的荷蘭很愛下雨耶
內心OS：那我們這回去荷蘭應該也會遇到下雨吧?!
結果…這回出門，啥都帶了啥都不奇怪
啊就是沒帶雨傘…
為了這把傘，後來我和我娘吃了一些苦頭呢

 7:00pm

準時到達小港機場
和楊小姐見面拿護照後就準備進海關搭飛機哩
這回因為等會兒還有時間在桃園機場逛duty free
在小港機場並沒有什麼認真逛街…
心思都在 "Yeah～我們終於要去荷蘭哩耶…" 上面

The Vision into the eyes...

 8:20pm

飛機準時起飛了

高雄的夜景一樣是這麼的漂亮

我真的好愛這個城市喔！

一路上的夜景都很美

尤其是到桃園時…從上面看下去，

就像無數顆碎碎的橘色流星沙散佈在桃園一樣…好美好美喔～

9:15pm

飛機準時降落在桃園機場

才坐不到1小時的飛機…就開始有點覺得累了

接著再到長榮的轉機櫃檯check-in

待會兒是搭長榮BR75在23:05起飛的飛機…

只要在半小時前到登機門就好哩

所以我還有點時間逛逛

第一間就是賣手錶的商店：不知為何的，我就被吸引了過去

我娘則是站在外面等我

她大概以為我繞了一圈就會出來了

結果…我看到一只RADO錶，超好看的…

價錢雖然有點貴…但因為是入門款…還在我能勉強接受的範圍

我叫了我娘一起看看…

用眼神表達出人家很想買這只錶的慾望

結論是以 “慶祝現在我還有工作+生日快到了” 兩個重量級理由

買了我生平第一只RADO錶^0^

這是我第一次加$$搭豪華經濟艙

看到我的位置之後…整個人興奮了起來

空間很大嘛…

「娘～這就是我給妳的小驚喜呢，妳喜歡嗎？」

11:05pm

飛機準備起飛了

現在我們要搭3個小時又20分鐘先到泰國曼谷機場

正值半夜時分…享受完起飛的感覺中就睡著了

沒多久，又被叫醒吃飛機餐

原本不想吃的…現在吃就等於在深夜吃宵夜耶

但我還是有吃…記得是雞肉飯吧…

半夢半醒之間吃完繼續睡

有加摳摳真的有差…座位變大更好睡

我不斷研究新姿勢以追求最舒適的睡姿

期許到荷蘭後，就有飽飽的精神遊玩

就以舒服的睡眠開始我的荷比盧之旅吧…

2009.4.24
Day Two

🕐 1:00am （曼谷時間，台灣時間是2:00pm）

再過不久，我們就要抵達泰國**曼谷機場**
就在這個時候…
我驚覺我沒有帶雨傘出來啦 >＜
希望等一下能在機場內買到雨傘。

🕐 1:20am （曼谷時間）

我們到了曼谷機場：預計在這裡待一個小時左右
先將手錶調整為曼谷時間後，相約在樓上的**E3**登機門見面
就可以開始逛曼谷機場的**duty free**了

195

01:25

01:25

因為現在的曼谷也是大半夜的
機場和商店裡都沒什麼人…
不過機場有著濃濃的泰國風
商店裡擺放著很多不同造型的大象、各式各樣的水果乾：
但就是一把傘也沒有…

不管是台灣還是泰國，現在都是深夜了
坐在登機門前的我，覺得我娘好厲害
這把年紀在這個時間能撐著不睡覺
很心疼我娘在現在這個時間
還不能好好的睡一覺

曼谷時間3點左右…
我們再度原機起飛往阿姆斯特丹
我娘才剛坐下就睡著了
我則是再享受一次飛機起飛的感覺
光一個晚上，我已經享受三次飛機起飛的感覺了
我真的很愛飛機往上飛的感覺…這次讓我過足了癮

飛機有提供紙拖鞋
所以我把鞋子脫掉換穿紙拖鞋
開始準備將近長達11個小時的空中旅程
要睡覺之前，
我看著我娘睡著的臉想著 "娘…今天妳辛苦了…"
希望這次荷蘭行是很好玩的
這樣才值得呀！

過了四、五個小時之後…
我也不確定確切的時間是幾點
因為我的錶還是停留在曼谷的時間
我睡醒了…但意識不很清楚…
直覺性的把窗戶打開看看
哇～外面的風景好美喔
都是雪…
怎麼形容呢？

就像滿片的森林覆滿了深厚的雪
真是太感謝自己剛好在這個時候睡醒
有幸看到這一幕風景
飛機又飛了10幾分鐘之後
我才看到一整片雪中有露出綠色的樹
所以我才猜想剛剛我看到的應該是森林吧

我娘也醒了…
我問她還舒服嗎？她點點頭…
這時候還點什麼頭啊？
舒服就要感謝她女兒的小驚喜…一定要來抱一下的啊…^--^

我去上洗手間的時候
有看到一兩個外國乘客正在看密密麻麻的英文書
這時候我才想起我也有帶書來看
我是想說要坐這麼久飛機嘛…應該帶個書看看的…
但由於機艙的環境…乾躁…眼睛乾澀…全身乾乾不舒服…
有點阿乍（台語）…
現在的我一點也不想拿書來看…唉～書多帶了…
也許就是帶太多無謂的物品了…
我這個小豬頭才會忘記帶雨傘的吧？

這時餐點送過來了…我點的是雞肉飯…
er…吃了幾次的飛機餐之後…
我有點膩了；甚至覺得有點嘔…
紅蘿蔔和青菜都有一股強烈的脫水味道…
嗚～現在好懷念我娘平時炒的菜…
香雞排…泡沫綠茶…＞＜

終於……
機上廣播我們快要抵達阿姆斯特丹了
？？
啊怎麼都是一塊塊格子田？？
怎麼一朵鬱金香都沒有？
不是有一片一片的那種花海嗎?
看起來好鄉下喔…
我不要啦> <

 9:35am （荷蘭時間，台灣時間是3:35pm）
荷蘭、比利時與盧森堡和台灣時差為-6小時（夏令節約時間）
為了方便起見，下列的時間都是以荷蘭時間為主…

我們順利抵達在荷蘭的史基浦Schiphol機場
等待其他團員的空檔，我走到附近的商店看看
哇～好多荷蘭可愛的小木屐鞋耶…好可愛喔…
也有米飛兔的鞋子…怎麼會這麼可愛呀…
還有我超想買的LONGCHAMP袋袋：
不過就是沒有我要買的雨傘><
荷蘭不是常下雨咩…怎麼一把傘也沒有？

結果大家集合的挺快…我只有看的機會，完全沒有下手的時間
還下什麼手啊…才剛到荷蘭耶…以後買紀念品多的是機會咧…^^
在史基浦機場看到這麼多可愛的小紀念品
讓我對這次荷比盧之旅多了一些期待……

在海關準備入境時，小葉葉說最好帶著我們團體的小牌子
可是我忘記帶了…
我娘先檢查護照，對方似乎正在問我娘一些事
我趕緊上前看看是什麼回事

曼玻魚：我是她的女兒

帥帥的海關男：妳會說英文嗎？

曼玻魚：一點點（這時謙虛為上策^^）

帥帥的海關男：這回來荷蘭的目的？

曼玻魚：旅遊…而且是團體旅遊喔

帥帥的海關男：團體旅遊？那領隊是那一位？

曼玻魚：咭…那邊那個…指著距離我不遠的小爆炸短髮女生
我順便叫她一下，小葉葉過來了…

帥帥的海關男：你們要去哪裡？

小葉葉：荷蘭、比利時還有盧森堡

帥帥的海關男：哇…很不錯…附帶一提，他表情和肢體語言超多的
你們一共有幾位？

小葉葉：28位

帥帥的海關男：請團員舉手好嗎？

小葉葉請我們這團的人舉手…
好好笑…超多人舉手的；感覺有點不是這一團的人也跟著舉…

就這樣…我們到荷蘭境內了……

★走出海關後的機場一景

10:30am

首先我們先歡迎接下來的幾天都會與我們同在的比利時司機Paul

這幾天，他的開車技術超好的⋯很穩⋯

同時間從車窗外看去，停機坪上停放的都是荷蘭航空的飛機

11:03   11:03

The Vision into the eyes...

小葉葉開始介紹我們接下來幾天要去哪裡玩

還帶了地圖給我們⋯

我們從海牙（Den Haag）為起點→鹿特丹（Rotterdam）→比

利時布魯日（Belgique Brugge）→布魯塞爾（Brussel）→盧森

堡（Luxembourg）→萊斯（Lesse）→馬斯垂克（Maastricht）

→恩多芬（Eindhoven）→森林國家公園（De Hoge Veluwe）

→羊角村（Giethoorn）→利塢華頓（Leeuwarden）→沃倫丹

（Volendam）→最後回到阿姆斯特丹（Amsterdam）

有些地名，對我來說聽起來都是遙遠又陌生的地名

也不知未來這些地方和我會有哪些交集⋯

擦撞出什麼火花⋯

只知道現在的我⋯有點小累⋯有點小小晃神⋯

看著地圖⋯字似乎還會跳啊跳的⋯

 11:50am

我們到了第一站：

位於海牙的**國會議事堂**（Binnenhof）及**騎士廳**（Ridderzaal）

海牙除了有名的國際法庭以外，也是荷蘭的政治中心。

國會議事堂（Binnenhof）在荷蘭語是內院的意思

內院感覺就像是個教堂或古堡之類的地方

最古老的建築就是在廣場中心的騎士廳（Ridderzaal）

廣場前方還有座19世紀建造的噴泉

每年國會的開會典禮荷蘭女王也會在此出席。

走出外院，看到的是一池湖水：
偶而還有鳥飛過來，感覺滿舒服的。

我們在外院的攤子買了兩瓶礦泉水…
好冰涼喔～喝起來真爽快…
呵呵…終於花到錢了^--^
接著我們上車往和平宮（Vredespaleis）前進

12:06

12:07

12:07

 12:15pm

不一會兒，我們已經到了。

其實**和平宮**（Vredespaleis）就是

國際法庭（the International court of Justice）啦

我們終於看到一大片的花了⋯好高興喔⋯猛拍照ing

12:25pm

東照西照之後，我們再度上車準備吃飯哩

不到幾分鐘就到餐館了

也許是因為吃太多次可怕的飛機餐…

格外覺得這頓六菜一湯的中式午餐很好吃呢…

The Vision into the eyes...

★吃飽了拍拍照，這邊的樹都好美喔

🕐 1:20pm

坐上車後…現在要去**梅斯達格美術館**（Panorama Mesdag）
欣賞360度全景畫

www.panorama-mesdag.nl

去的時候還不覺得怎麼樣…不就是看個畫而已…
原本小葉葉有幫我們安排中文廣播導覽；
但我們晚了一步，有其他不同語言的團體先來
所以我們要再等個10分鐘左右…
先看看梅斯達格收藏的畫，
我是個不懂欣賞畫的庸俗傢伙…就只是just looking而已～
10分鐘後…
等到我們走上樓去…
哇～～哇塞！！哇哩咧…
好美的畫喔…怎麼這麼美啊…
原來這就是360度全景畫啊
真是太令人感動了啦～～～

205

這個全景畫是目前世界最大的360度圓筒狀全景畫作：
油畫高約14公尺，圓周長120公尺
是由梅斯達格（Hendrik Willem Mesdag）和他的妻子
及另外3名畫家共同畫的全景畫。
他們是畫1880年當時席凡寧根（Scheveningen）的海景、沙丘及
村落的風景；
全景畫的前方還佈置了真的是從席凡寧根運來的海砂及捕魚工具，
內部採自然光源…所以隨著太陽光的強弱，
全景畫隨時都有不同的面貌…真是壯觀又美麗！！

★梅斯達格美術館的官網首頁，即可欣賞到這幅360度全景畫哦

要離開美術館時，

其實我在紀念品店有看到雨傘…

但是現在外面的天氣是如此的晴天…美好…

所以我就視而不見的走出美術館…

過幾天我就知道了…為此付出代價…>＜

🕑 2:00pm

我從美術館走向遊覽車時所拍下的街景

這邊的樹都好翠綠喔…視野所及都感覺好舒服…

坐上車後，現在我們要前往在鹿特丹附近的**小孩堤防**（Kinderdijk）

差不多要坐一個小時左右。

好累喔…先來睡一下…

3:10pm

距離小孩堤防再過10分鐘就到了：

因為滿多屋子外面已經開始插國旗或是開始裝飾橘色物品

小葉葉開始解說荷蘭人正準備慶祝4月30日的女王節（Koninginnedag）

代表荷蘭皇家的顏色就是橘色，

所以那天什麼都要橘就對了…有橘才是王道…

15:07

15:10

 3:20pm

我們到了**小孩堤防**（Kinderdijk）

下車之後…微風徐徐地吹來好舒服喔～

荷蘭有三分之二的土地低於海平面，
當時最低的地方甚至低於海平面2公尺；
在這個狀況下，那時的風車擔任抽水的重責大任、
也負責磨粉、榨油…後來甚至也負責發電的工作
物境遷移…
現在在荷蘭的風車已經不多了，大部份都是觀光用的
而這裡是荷蘭境內唯一可以看見19座風車並列的地方。
1997年，被聯合國教科文組織列為世界遺產；
至於為什麼要叫做小孩堤防有好幾個版本，已經不可考了…
總之，座落在這裡的風車訴說著過去低地國荷蘭的生活背景。

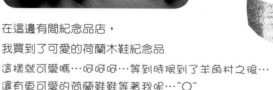

在這邊有間紀念品店，
我買到了可愛的荷蘭木鞋紀念品
這樣就可愛嗎…呵呵呵…等到時候到了羊角村之後…
還有更可愛的荷蘭鞋鞋等著我呢…^O^

 3:40pm
我們再度上車，往鹿特丹的市區前進…

6:33   16:33   16:34   16:34

我們已經到了**鹿特丹**（Rotterdam）

小葉葉讓我們下車拍照5分鐘：

在鹿特丹有名的**天鵝橋**（Erasmusburg）旁拍拍照

16:51

16:54

17:03

209

17:06

17:06

17:07

鹿特丹是荷蘭的第二大城市，

這個城市擁有最大的貿易港口：鹿特丹港

第二次世界大戰中鹿特丹被德軍破壞的很嚴重：

後來整座城市重建，讓許多設計師自由發揮

所以有很多很特別具有創意的建築⋯

這個在1996年完工，聽說有著像天鵝的鐵橋就是其中之一

還有等一下害我拍照拍到手抽筋的方塊屋也是⋯

17:09 17:10 17:10

 4:40pm

現在我們要去看傳說中鼎鼎有名的**方塊屋**（**De Kijk-Kubus**）
就如同剛剛提到的鹿特丹在戰後有著奇特有創意的建築⋯
這個方塊屋就是經典⋯

我以為車子找不到地方停，只給我們經過看而已⋯
所以光是在車內就拍了好多張方塊屋的照片

啊哉後來有下車去拍照⋯
也好啦，我用了很多角度來拍攝方塊屋的奇形怪狀

5:15pm

車子停在距離方塊屋有點小小遠的地方
我們下車走向方塊屋有經過鹿特丹的中央圖書館（Bibliotheek）；
整棟建築大量運用45°角的設計，
比較特別的是建築物的外牆有著鮮艷的黃色水管繞著…
因此有著"水管寶寶（Tube Baby）"或是"鹿特丹的龐畢度"的暱稱…

現在總算走到方塊屋這裡了
我拍…我拍…我拍拍拍……
瘋狂拍攝方塊屋…
我是個觀光客嘛…^--^
邊拍邊好奇不知住起來的感覺如何？

17:22　　　　　　　　17:37　　　　　　　　17:40

 5:30pm

再往我們要去吃晚餐的**風車餐廳**前進

大概**20**分鐘左右…車子已經到了…

哇～這裡也好美喔～

 The Vision into the eyes...

為了要適應風車建築的大小，餐廳裡面小小的⋯
但挺有氣氛的

一開始的晚餐⋯蕃茄湯喝不太習慣；
但是後來的主菜超好吃的
甜點也很好吃耶⋯^0^
非常滿足的努力吃光光⋯超飽⋯
一掃蕃茄湯的陰霾⋯

 7:30pm

吃飽喝足再到餐廳外面拍拍照後
上車前往我們要下榻的飯店：
位於鹿特丹的五星級飯店The Westin Hotel
http://www.thewestinrotterdam.com

 8:50pm

我們到了The Westin，
下車之後異常疲憊⋯
也是啦⋯現在是台灣時間零晨1點50分：
本是我睡大覺的時間⋯
同時間我也突然驚覺⋯
好奇怪⋯現在已經是晚上快9點了耶⋯
荷蘭還好亮喔⋯完全沒有天黑了的感覺⋯
也許就是天還亮著，大腦還以為現在還沒天黑正硬撐著⋯
不知要到幾點鐘荷蘭才會天黑？
不可考⋯等不到荷蘭天黑哩⋯
總之，要去睡哩～俺累翻了⋯＞＜
我在荷比盧的第一天⋯
感覺時間過得特別的久⋯

2009.4.25
Day Three

🕐 8:00pm

準時集合之後

我們要離開鹿特丹要到**比利時布魯日**（Brugge）

大概要坐3個小時左右的車

我很喜歡一望過去都是綠色的感覺

一路上看過去…眼睛好舒服喔～

08:35

08:35

08:39

09:14

09:29

09:44

🕐 10:40am

我們到了比利時布魯日（Brugge）

剛下車就忍不住狂拍照^-------^

眼睛 The Vision into the eyes...

邊拍照邊向大家介紹，

這裡有個湖泊有著很美的名字叫做 "愛之湖" …

布魯日在荷蘭語的意思是 "橋"

這裡有著50座以上的橋樑橫跨運河，有著 "北方威尼斯" 的稱呼…

12-15世紀曾經是歐洲的紡織大城：

現在走沒幾步路也會看到幾間賣蕾絲的商店，

還留有一點過往紡織大城的歷史。

15世紀時運河泥沙淤積問題日益嚴重，

船隻無法航行，導致城市逐漸沒落

2000年，布魯日被聯合國教科文組織列為世界遺產。

從愛之湖開始走了20分鐘之後
我們到了馬車總站…處處是馬蹄聲…
這裡，真是超臭的：
都是馬尿尿或馬大便的味道> <

★沿路商家櫥窗有很多精緻的裝飾

這裡的路都是石板路…不是很好走耶
幸好我穿著ECCO的平底休閒鞋…
雖然如此，腳還是好痠喔> <
從臭臭的馬車總站開始步行大約10分鐘之後…

The Vision into the eyes...

我們現在要搭運河船來體會布魯日的另一種美
更深入瞭解布魯日的一切…
但是我高興的是，
總算能找個地方坐著了…喲呼～～^0^

★從這裡進去搭船遊運河

★船行在運河上時，沿路拍了一些照片

就是從這裡，開始我們的運河之旅
雖然有地方坐著，疲憊的雙腳能休息一下
但手和耳朵可沒閒著…
耳朵邊聽著中文導覽；手正忙碌著卡擦卡擦地照相著…

219

坐不到一個小時…下船了…
小葉葉帶我們到**聖母院**（Onze Lieve Vrouwekerk）裡面看看
這邊的教堂很多，最具盛名的就是聖母院：
因為教堂有個高度122公尺的磚造塔樓，
以及裡面有"聖母與聖子雕像（Madonna met Kind）"
是義大利的米開朗基羅（Michelangelo）的作品，
在義大利以外很少能看到米開朗基羅的作品；
這也是為什麼聖母院頗負盛名的原因了。

之後再走個10多分鐘，就到了**市場廣場**（Market）
市場廣場有個紀念碑是紀念14世紀
兩位布魯日人民英雄當時勇敢對抗法國的高壓統治。

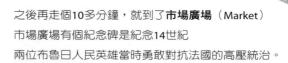

小葉葉給我們45分鐘的時間逛一下市場廣場
我逛了幾間有賣可愛紀念品的商店，
買了三棟布魯日的房屋模型，還有一個玻璃球…
好高興喔^0^

此時腿痠到一個境界…

 12:45pm

在市場廣場集合囉～

現在我們要往吃午餐的餐館前進…

從這裡開始小葉葉再度展現驚人的腳力…

飛快的走路～我完全跟不上啦…

小葉葉～妳也太心無旁鶩了吧…

快速地邊看兩旁景色，邊跟上小葉葉的步調…

到餐館前，中途繞到聖保尼菲斯小橋

從這個小橋仰望聖母院是最好的角度

不過就在此時，聖母院的磚造塔樓正在進行整修…

從橋上還拍到其他美美的景色…

剛剛我們也是坐在船上欣賞…現在拍到坐在船上的觀光客…

彼此互拍^-^

就在聖保尼菲斯小橋的附近，餐館到了
也許是走了太多路…有夠累的…
今天的六菜一湯中式午餐也覺得非常的好吃^---^

吃飽飽後，到外面一看
ㄟ嘿…被我們發現有間家樂福就在隔壁耶^-^

★家樂福廣告

我在這個小小間的家樂福東逛西逛
買了兩瓶超冰涼的礦泉水
Yeah～太棒了^0^

從這裡走回愛之湖遊覽車那兒大約20分鐘左右
會再度的經過綠意盎然的步道…

2:40pm
我們坐上車大約一小時的車程
往**布魯塞爾**（Brussel）城外的**原子模型紀念塔**（Atomium）邁進
這中間俺睡翻了…

 3:50pm
被叫醒…赫然看到一個巨大的龐然大物…
9顆直徑18公尺的大球…

The Vision into the eyes...

這9顆大球是1958年布魯塞爾為了舉辦萬國博覽會所建立的
是鐵分子放大1650億倍的大小；
象徵當時人類對科學文明進步的歌頌。
每顆球代表當時比利時每個省份，
不過現在的比利時已經有10個省了。

我發現俺有當明星的潛質耶
才剛睡醒一下車
就得立刻微笑拍照…
還要笑的很自然…

 4:00pm

接下來要往布魯塞爾的市區
睡睡醒醒之間拍了一些沿路的風景
我偷偷算了一下，現在是台灣時間晚上10:00
通常這個時候我早早就已經上床睡覺了呢…
我是個乖小孩嘛…^-^
難怪我老是覺得很想睡^^

 4:30pm

到了我們今天要下榻的五星級飯店Brussels Marriott Hotel
http://www.marriott.com

令我驚訝的是
這間Marriott Hotel距離布魯塞爾的**證券交易所**（La Bourse）超近的
不到一分鐘的路程…

要到飯店之前，交易所前面還有不少人正在靜坐抗議不知什麼事
等我們集合後再走到交易所前面時，那些抗議的人都不見了。

話說回來，
這個證券交易所前方有著六根大柱，
是19世紀建造的新古典主義建築。

17:22　　　　　　　　17:23

跟著小葉葉走沒多久…

就莫名奇妙的到了**黃金廣場**（Grand-Place）

首先映入眼簾的是下面這個建築物：

國王之家（La Maison du Roi）和

公爵之家（La Masion des ducs de Brabant）

好美喔～忍不住不斷的哇～哇～～的讚歎一下…

四周都被古典建築物給包圍了…

文學泰斗雨果多次在作品表達：這裡是歐洲最美麗的廣場…

甚至這裡是世界最美麗的廣場…

嗯嗯…點頭如搗蒜100次的附和！！

The Vision into the eyes...

真的好美好美喔～除了美…我還能怎麼形容？

壯觀～吧…口吃ing…

順帶一提，

這個黃金廣場在1998年也被聯合國教科文組織列為世界文化遺產。

我真是太幸福了…

尤其是站在廣場的中間，

感受一下自己被周圍的偉大建築物包圍的那種感覺…好讚！！

★國王之家

★公爵之家

這裡有一連串的公會建築：
第一棟是麵包公會，頂端有個吹著號角的金色天使；
第二棟是油漆公會；第三棟是木匠和銅匠公會
第四棟是弓箭公會，頂端有一隻金色鳳凰雕像，
象徵大廣場17世紀被法軍砲轟後的浴火重生…

還有**天鵝餐廳**（La Maison des Bouchers "Le Cygne"）
是肉商工會；19世紀時，馬克思（Karl Marx）就是在這裡
完成了共產黨宣言。

★第四棟弓箭公會

★天鵝餐廳

227

有個一定要介紹的地方：**銅像**（L'Etoile）
在市政廳旁邊街角有著一間屋頂是金色星星的小屋
通道有個被摸到閃閃發亮的銅像
是14世紀布魯塞爾英雄Everard t' Serclaes

傳說觸摸雕像會帶來好運，
而且連上方的小天使和小老鼠也都不能放過：
摸了小天使會生兒子，摸小老鼠會發大財
這是一定要摸的啦…
我呢，雕像從頭到腳摸了兩次…小天使、小老鼠也摸…
後來去買完Godiva巧克力後，再去摸個夠本^0^

這邊每個建築物都很有自己的特色…
如果要一一細數，真的需要費點時間來研究…

說到比利時最出名的美食就是
1. 巧克力 2. 貝殼淡菜 3. 薯條
現在小葉葉帶我們去銅像對面買Godiva巧克力
小小的店面被我們這團擠的水洩不通…
好心的帥帥店員居然非常大方的請我們試吃巧克力
他還會再拿出巧克力給剛剛沒拿到的人，真的好貼心喔～

平常都是在百貨公司地下街看到Godiva巧克力
而且價格都貴的嚇人…通常只有看看就走了，
沒想到我在這邊買了不少Godiva巧克力
還買了巧克力球當點心…
真是太奢華了^-----^

6:05pm

現在小葉葉帶我們去看看全比利時最出名的公民：

尿尿小童（Manneken Pis）

大概因為前幾天4月22日是世界地球日吧：

尿尿小童穿上清潔隊的服裝，手上還拿著刷子哩…

他有很多衣服，國王之家就收藏來自各地送給尿尿小童的服裝。

尿尿小童隔壁又是一個巧克力商店

裡面都擠滿了對岸同胞，每個人都買了好幾大袋的巧克力：

我則是快速逃離這家店…超擠的，

到店外面看看街景也好。

229

從尿尿小童那兒回到黃金廣場的路上

經過一家賣很多種口味的鬆餅店

忍不住上前買了巧克力鬆餅來吃吃看

還滿好吃的～巧克力醬很多…只是鬆餅稍微硬了一點…

邊吃邊走回黃金廣場後…即將發生一件腿快斷掉事件…

事情是這樣的：

到比利時之後，我就很想要買LONGCHAMP袋袋

因為同事說比利時的LONGCHAMP價格比較便宜…

可是啊～因為時間的關係～

我們並沒有到這位同事去過的名品街

後來，其中有一位團員說她在我們買Godiva的空檔時

在附近找到一間LONGCHAMP專賣店：

小葉葉為了完成我想買LONGCHAMP的心願，

她開始到處問那間LONGCHAMP在哪…

各位⋯
小葉葉的腳力之快⋯
我是完全的跟不上呀！！
她首先是衝進了**聖赫伯特購物拱廊**（Galeries St-Hubert）

邊喘氣邊介紹一下：
這個購物拱廊兩邊都是咖啡館或精品店；
天花板建材使用玻璃和鐵，光線可以自然的照射進來
充滿著很特別的美感。
但是LONGCHAMP不在這裡⋯

我可是邊吃巧克力鬆餅、邊照相⋯
腳也沒閒著邊跑上小葉葉，超忙碌的⋯
在此超佩服我自己的⋯我真是太厲害了⋯哇哈哈
我的好朋友小雅、小英和我娘
我們一行人就跟著小葉葉跑來跑去的
我根本就已經不知道這裡是哪裡了
邊小跑步邊想說如果現在說不想買了一定會被打的吧？？
小葉葉一找到LONGCHAMP專賣店以後人就不見了
所幸還有小英知道怎麼回去Godiva那邊⋯
那時已經是下午6點45分，這個店在7:00pm就要打烊了
而且，我們也得準時在7:00集合，一起到吃晚餐的地方
很趕⋯⋯
狗急跳牆的結果是⋯take it all⋯

只要我拿了，買就對了！
原本我還想考慮要買什麼顏色的，根本沒時間考慮呀…
而且我只記得買我想買的，
完全忘了還要買出國前同事託我買的包包
相較我們四個人氣喘呼呼匆忙的挑選：
店員悠閒極緩慢的包裝及算錢速度成了強烈對比
重點是還要寫退稅單，要填寫很多格子
我不禁想笑…啊現在是什麼情形咧？

不過真的很感謝小葉葉的堅持，
我在此買了不少的LONGCHAMP袋袋
有數個包包、零錢包、鉛筆袋…等
好高興喔～～大豐收^0^

 7:00pm
我們四個人準時衝回黃金廣場的Godiva店門口
SAFE…^0^

接著，
小葉葉帶我們經過**海鮮餐廳街**（Ru des Bouchers）
去看**尿尿女童**（Jeanneke Pis）
才走進海鮮餐廳街沒多久，我就被一位海鮮店老闆抓著
一直叫我進去他的店裡
還是在我娘、其他團員…眾目睽睽之下一直拉著人家走進去
拗不過他一直拜託…
我有稍微往海鮮店移動：
結果還被他親了臉頰和左手
厚～我的第一次就這樣莫名奇妙的貢獻出去了
而且我娘還一副沒關係的樣子
後來小葉葉說這條海鮮街搶客人搶的很競爭…
原來海鮮店老闆的熱情親吻只是在搶客啊？？

到了尿尿女童這裡
喔～實在太害羞哩啦…
尿尿女童的姿勢也太勁爆了，
在細節處也刻畫得太清楚了吧…

 7:10pm
今天的晚餐是比利時淡菜
今晚小葉葉也請我們喝啤酒
從未喝過啤酒的我，也點了一杯來試喝個幾口

★餐廳內的佈置

The Vision into the eyes...

今晚的湯是充滿濃濃海鮮味的龍蝦湯，挺腥的；
但也顯得出龍蝦湯的真材實料。
我也喝了一杯柳橙汁
沒多久所謂的比利時淡菜就出現了…
有點像我們淡水的孔雀蛤，但又好吃多了
他們的薯條也非常的好吃
最後是巧克力甜點，
甜點沒一會兒就吃光光了^0^
整頓晚餐真是太豐盛又美味了…
心情大好^--------------^

🕐 8:45pm

飽飽地走出餐館

這條海鮮餐廳街，漸漸的有點夜色垂幕的感覺

但一走回旅館前…

現在是8:53pm

天空還很亮呢，電子板上的氣溫顯示是12度

現在的我…又冷又想睡…

畢竟現在是台灣時間零晨2:53呀

我不刻意去想台灣時間，我古板的生理時間也會提醒我呀…

趕了一整天的行程、走了一整天的路、也拍了一整天的照片

還要對抗時差這件事

腿瘸加手殘…俺真的是累翻了…

233

今天在比利時收穫很多

遇見了美麗的布魯日、在布魯塞爾接受豪華的黃金廣場洗禮、

買足想買的Godiva和LONGCHAMP；

也吃了好吃的巧克力鬆餅、比利時淡菜、薯條

喝了首次嘗試的啤酒…

那時在布魯塞爾的我，一切就是活在當下…

完全搞不清楚今天是幾號、或是已經玩了第幾天、

明天要去哪之類的…

也不知道明天還有一連串的歡笑與苦難等著我…

總之，晚安！！

明天的事明天再說了…zzZ

2009.4.25
Day Four

The **Vision** into the **eyes**...

8:00am

首先我們要到有名的**拿破崙滑鐵盧戰場**（Waterloo）

說到這，當時的我有點會意不過來怎麼滑鐵盧是在比利時呢？

而且，別說滑鐵盧是在比利時，我也是想了一下才回神

昨晚我是住在布魯塞爾呢，現在才剛要從布魯塞爾出發呀…

今天下著不小的雨

一路上灰矇矓的…

我的雨傘還沒買，開始有點擔心等一下有可能淋雨的這件事

8:55am

我們下車在滑鐵盧這兒照相

這裡有個**獅子山丘**（La Butte du Lion），

上面的獅子是戰勝的威靈頓將軍

用拿破崙軍隊遺棄在戰場的槍炮為材料所做成的大獅子；

獅子面向法國，用來紀念在滑鐵盧戰爭中的數萬名將士。

來這裡有些小遺憾
因為下雨，很快就跑回遊覽車上躲雨，沒辦法拍太多照片
而且這裡是9:30am才開始賣門票，
所以我們只能在外圍拍一下，既不能進去也沒有紀念品可以看；
更不用說爬上兩百階的石階在獅子山丘遠眺感受一下過去的戰場

在這裡不知是受到下雨的因素還怎樣，有點感到惆悵耶
我無法想像在現在這麼寧靜的地方，
在194年前曾經有過十萬大軍在此激戰的場面
混亂且血流成河的場面已經被一塊塊綠色的農田所取代

大家都知道拿破崙很厲害，但如果要說拿破崙的一件事
十之八九大概都會提拿破崙最失敗的滑鐵盧戰爭
結果記得拿破崙其他的豐功偉業的人並不多
我要是拿破崙本人的話，真的會覺得很嘔。

有那麼一瞬間，我突然消極了起來
覺得我們在人生這條路中這麼努力，最後到底得到了什麼？

235

 9:25am
收起惆悵的心情，再看一次滑鐵盧的平原

我們現在要到比利時最大的HAN-SUR-LESSE鐘乳石洞

http://www.grotte-de-han.be

🕐 10:30am

坐了一小時車，現在我們到了HAN-SUR-LESSE遊客中心拍拍照

雖然雨幾乎停了

唉喲…在這裡依舊找不到雨傘的蹤影

🕐 11:00am

坐上小火車準備到鐘乳石洞口

大約10分鐘，我們到達鐘乳石洞口了

光看這洞口就感到有點神祕耶…黑漆漆的好像很可怕

一進去鐘乳石洞就可以看到石筍、石柱
鐘乳石是由小水滴慢慢滴成的，一百年才滴成1公分
所以這些石筍石柱都要經過數千年的時間才能形成

這裡全年的溫度都在12至13度，來之前有被叮嚀記得要帶件外套
但是一直走路的結果，也沒特別感受到"冷意"
反而因為洞裡地板都有積水，應該要穿件九分褲之類的褲子，
褲管才不會濕濕的。

鐘乳石洞內很壯觀，有各式各樣的鐘乳石造型
有的洞還在持續慢慢擴大中
在洞裡面不時會被水滴到，其實是一年前的雨水
很神奇吧～

快結束前，突然間燈都熄掉了，接著是Enya的音樂…
原來是場鐘乳石燈光秀呀！好棒喔～

稍早前我還在惆悵
我這麼努力，最後到底可以得到什麼？
看完鐘乳石燈光秀後，我懂了…
厚…就是因為我有努力，現在才能坐在這鐘乳石洞內
邊聽著Enya的*How Can I Keep From Singing*邊看著鐘乳石燈光秀，
享受著這樣的感動。
嗯嗯…未來，還是要繼續努力加油才行！！

原本最後一段路是要搭船出去的
但是因為河水的高度不夠怕有危險，沒有船可坐
還是得走路出去
走到洞口前，會有所謂的"禮炮"歡迎觀光客
我個人覺得這個"禮炮"真的是有點多此一舉了。

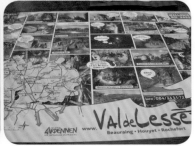

12:30pm

走了一個多小時，再度感到小小的腿痠…

所幸餐廳就在洞口外不遠處…

餐廳屋頂是透明的，所謂的"燈"就是陽光

餐廳時暗時亮的還滿好玩的，似乎有人在和我們玩燈光的遊戲。

今天的中餐還OK啦

只是出菜的速度有點慢，二小時吃了四道菜…XD

原來餐廳服務生一定要等我們都喝完湯才能出下一道菜…

★餐桌紙

239

🕐 2:30pm

一上車後就睡著了，大約過了45分鐘又被叫醒

一睜開眼⋯哇～好美喔⋯好有寧靜小鎮的氣息⋯

原來我們到了**Bouillon**，
只是要到這裡的旅客服務中心借一下洗手間
發現他們的洗手間超妙的：是山洞造型…
還有可愛的娃娃…

我還在旅客服務中心裡面拿了一堆簡介，從飯店到景點的介紹都有
超重的～有的還厚厚的一本，我像極了資源回收的大嬸…
可是我就是想拿嘛，我帶著滿滿的謝意說聲thank you…
沒想到對方還回我my pleasure
嗚～真是太窩心哩啦～～

 3:40pm

就這樣，我帶著從旅客服務中心拿回來一堆很重的紙和書
繼續往盧森堡邁進…

14:36   15:56   16:03   16:04

我們已經到了盧森堡哩

這趟旅程…俺多希望就在盧森堡這兒找到多金的另一伴呢…

哇哈哈～怎麼說盧森堡的國民平均所得是咱們的好幾倍呀

嘻嘻嘻…根據外交部網站的資料，

2007年盧森堡的國民平均所得是79400美元哪…

可惜此趟來盧森堡，街道上都沒什麼人> <

遊覽車停在**憲法廣場**（Place de la Constitution）旁邊，

憲法廣場中央有座金色女神像的紀念碑，

是為了紀念第一次世界大戰中所陣亡的士兵

走過去一點，就看到橫跨著Petrusse溪谷的

阿道夫大橋（Pont Adolphe）。

我還有看到準備給觀光客坐的
雙層觀光巴士及小火車⋯
內心嘀咕著為什麼沒有安排這個啊？
現在加點錢來得及咩？

 5:10pm

邊走邊拍照：氣喘噓噓的跟上小葉葉，
到了**聖母大教堂**（Cathedrale Norte Dame）
準備進去參觀這個教堂，
入口處有著聖母瑪麗亞的雕像。

進去了以後就看到很多白色的蠟燭及一大片美麗的彩繪玻璃；
教堂內兩旁的牆壁及天花板有著很多有宗教涵義的圖畫。

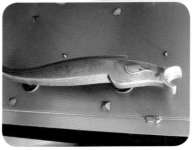

★門把還有很特別的魚

5:20pm

一路上走著走著，穿過了**威廉二世廣場**（Place Guillaume II）
到了**大公宮殿**（Palais Grand-Ducal）：
原本是盧森堡最早的市政廳，現在已經改為大公的宮殿使用。

★到宮殿之前途經的街景

★殿前還有衛兵

大公宮殿附近有很多好逛的商店：比較可惜的是，
因為是星期日都關門了啦
好可惜喔…櫥窗內都是可愛小物，只能拍照而已
像是盧森堡有名的Villeroy&Boch陶磁店也沒開，
只能望著玻璃看看而已><

 5:40pm

我們就在Place D'armes這裡解散，
有50分鐘的時間給我們自由逛…
我、小雅、小英和我娘四人就先從有麥當勞的這側開始走起

The Vision into the eyes...

一路上拍拍走走…讓我們給看到了有隻大獅子的ING
說什麼一定要和這隻大獅子一起拍個照的啊
也看到了幾間名牌店：唉～沒用啦，都closed哩…

現在才6:05pm
開始下起雨了；還越來越大…走回剛剛的廣場對面躲雨
我們四個人都沒有傘，後來越來越多人在這兒躲雨
他們商店都沒有多出來的屋簷可以躲雨，
只能到餐館前比較有地方能躲雨…
這雨，打亂了我們之後要再回到憲法廣場拍照的計劃…＞＜

 6:20pm
現在的雨真的很大～比原本預計停留的時間早了一點離開
我完全忘記俺現在是腿瘸的狀態…
健步如飛地快速跟著小葉葉走到晚餐的餐館那兒

 6:30pm

終於能坐下吃晚餐了

這頓晚餐後來的爭議性很大

有許多人反應這間的菜餚不夠好或是太油

還是蛋花湯沒有什麼蛋花之類的…

我個人是都覺得還好，

但其實，因為座位的關係…

他們都沒有看到服務人員動的手腳

我…看到了。咯咯咯～～這才是具爭議性的地方吧…

249

7:35pm

雨現在是很誇張的大…再度展現我的健步如飛…
火速的走回遊覽車那兒
我邊走邊想…是人站在那兒不動，淋的比較濕：
還是走快一點淋的面積比較少？這種無聊的問題
我娘則是有我的GORE-TEX防水外套撐著…所以沒有什麼淋濕…

 8:10pm

我們到了今晚準備下塌的四顆星旅館NH Luemburg Hotel
http://www.nh-hotels.com/nh/en/hotels/luxembourg/luxembourg/
nh-luxembourg.html

一直以來，我覺得所謂旅館的“品質”只要舒適就可以了…
但是今晚，讓我對這間NH有著非常大的深刻印象…
這四顆星是怎麼打的？我認為連一顆星都沒有
整個旅程…就是今晚讓我很不高興…

話說大家拿了房間鑰匙互道晚安後…
由於剛剛我有淋到雨想要趕快洗澡，
我的習慣是先刷牙洗臉… 好癢我有這個習慣…
發現一直沒有熱水…過了幾十分鐘後…還是沒有熱水…
？？
我第一個反應就是打電話給小葉葉，
但怎麼打她就是沒接：
接著我就直接打電話給服務人員反應沒有熱水的這件事
對方說等一會兒派人來檢查
等啊等的～過了10分鐘後，啊還是沒人來…
我又打電話給小葉葉反應沒有熱水的這件事
小葉葉有來看了一下，她說她再去幫我講這件事
可是啊…已經快要9點了…
今天一整天有夠累的～～我滿腦子只想趕快休息而已…
於是乎，我發現水沒有那麼冰了…趕緊抓緊時機開始洗澡…

等我都洗完澡了，小葉葉才跟我們說要換房間
同時間我也發現原來其他房間也有著沒熱水的問題…
我有發現小撇步所以水溫沒有很冰… 就是讓水一直睥著
我娘測試水溫後也覺得還可以接受：
畢竟我們的行李都已經打開散亂一堆在地板上了
如果要換房間，還得整理行李先…
後來我們決定不要換房間繼續住
等我娘洗完澡後已經快要10點了，
我真是不敢想像如果換了房間後會延到幾點鐘才能睡…

其實不止沒有熱水這件事：電視不能開、浴室內電燈泡壞了一個
重點是，剛剛我打的那通電話，對方根本只是應付應付而已
什麼沒多久會派人來檢查是假的：
因為今天是假日，根本就沒人可以檢查啊…
凡事都要等到明天才能解決。

NH這種品質也能有四顆星讓我非常之驚訝

小葉葉跟我說如果不換房間是我們決定不換的，
她已經有替我們處理這件事了
但我不能接受的是…當初為什麼要住NH…
難道都沒有其他的旅館可以住了嗎？
這是後來才越覺得生氣的，
其實當下真的只有想要趕快到床上睡而已…
根本無力想些其他的事了＞＜

今天就是在哇～驚歎+腿瘸+被雨淋+沒熱水事件中結束了…

2009.4.27
Day Five

有了昨天的沒熱水事件，好累…
再度的超好睡…一在床上就睡著了
早上一睜開眼似乎才剛睡了一分鐘似的

今天也是8:00am就要集合出發
不知為何，也許是想早早離開這間討厭的旅館
我居然還有點時間在外面拍拍照
意外發現這裡離盧森堡機場好近喔～還看得到飛機呢…

08:19   08:21

8:00am
再見了盧森堡～～
我們現在要前往**馬斯垂克**（Maastricht）
呵呵～在這裡呢，我即將買到渴望以久的雨傘…

今天多雲偶有陣雨
一路上我娘總掛心著沒有雨傘的事
但從盧森堡到馬斯垂克還有兩、三小時的車程，
就也先不擔心那麼多了…
另外，從這一天開始…
我已經漸漸適應在歐洲的時差，精神有比較好…

旅行社在文宣上寫著：

「上午沿著北方田園路徑，沿途盡是低緩的丘陵、高低起伏的山巒、青翠的森林牧草地、溪谷、葡萄園，再前往馬斯垂克…」

閱讀起來感到很詩意吧～～

嗯嗯…沿路上的確是如此，有著這樣的景色

才這麼的欣賞著…

小葉葉提醒我們現在已經在德國境內了

？？

怎麼會在德國裡了呢？真是一個神奇…

原來是因為馬斯垂克的地理位置，

位於荷蘭、德國、比利時三個國家之間；也因為地理位置重要，

所以和歐元誕生相關的馬斯垂克條約也在此簽訂

★當我知道我們在德國時，一直想拍個路標做為紀念
但是遊覽車的速度挺快的要克服的技術性問題很多
嘿嘿～不過最後還是讓我給照到一張哩^----^

 10:50am

我們從一早的盧森堡→德國→比利時→最後抵達荷蘭的馬斯垂克

真是神奇～～短短幾個小時我們經過好多個國家都不需要換證件…

一路上都在下雨，等我們準備要下車時～雨停了…

但天空還是有點黑黑的…

走沒幾步路，變成大晴天了…Yeah～

🕚 11:00am

我們走到了**弗萊特夫廣場**（Vrijtof），是馬斯垂克舊城區的中心
也看到了分別屬於新舊教的教堂。

有紅紅的塔樓是新教徒的聖揚教堂（Sint Jankerk），
紅色塗料是混入褐色鐵礦的石灰粉。
聖揚教堂旁邊就是天主教的
聖賽爾法斯教堂（Sint Servassbasiliek）。

附近有兩間麥當勞；在這裡，
只有麥當勞讓我感到親切又熟悉一些…

 11:10am

我們走到了**市場廣場**（Market Square）
看到了市政廳（Stadhuis）以及發現如何使用煤氣的科學家。

 11:25am

繼續往**聖母院**（Onze Lieve Vrouwebasiliek）及
地獄之門（Helpoort）前進
我們終於看到有商店在賣雨傘了…
可是追趕不上小葉葉，只好暫時放棄買雨傘的主意…＞＜

★路經位於Grote Straat、Kleine Staat與Jodenstraat三條購物街交叉口的
馬斯垂克旅遊中心（VVV）

🕤 11:30am

我們到了聖母院準備入內參觀，
現在聖母院旁邊正在進行 "安塔儀式"，
還請了樂團表演，圍繞了許多人…

11:39

11:39

11:39

就如同我們的開工動土一樣，總是要有某種的儀式…
呵呵～原來外國人也信這招啊…只不過我們是拜拜，
他們是搞band…

★一路上都是這種石板路
所以出去玩，別為了愛美穿高跟鞋喔

🕚 11:45am

我們到了地獄之門（Helpoort）這兒，

地獄之門在1229年隨著城牆一起興建；

修築城牆那時，這座大門的正面有一處隔離鼠疫病人的地方，

只要一出了城門，就沒辦法再回到城內…

所以這城門才有地獄之門之稱。

看著地獄之門對面收容鼠疫病人的建築物，
一想到那時候的人一旦染病就會被帶來這裡隔離…
再也出不來…感到有點可怕…頓時間雞皮疙瘩都冒出來了～
再想想…我們身處醫療科技發達的年代真是太幸福了…

 11:50am

小葉葉讓我們在遊覽車附近拍照
趁這個時候，她帶著我們回去剛剛有賣雨傘的商店血拚…
再度路過聖母院，立塔儀式仍持續中…人潮越來越多…
我剛剛看了很多家商店，決定買ESPRIT的雨傘
但這裡的商店大都在中午12點後才開，
血拚女王並非浪得虛名…光快速瞄玻璃櫥窗也能找到喜歡的物品
我娘非常的不喜歡她寶貝女兒有如此功力…^---^
這是我第一次為了買東西站在商店門口等營業時間開門的…

12:00pm

開門囉…我立刻拿了我想買的淺藍色和深藍色的雨傘，
各價值€17.95。
動作慢吞吞的店員和我內心著急的心境成對比
小葉葉說不能催她們喔～不然有可能不賣給我們…
哇哩咧…曼玻魚也想到歐洲來上班啦>＜

12:10pm

我們走回遊覽車這兒，發現行人可以自行控制紅綠燈耶…
按個鈕就好了。

 12:30pm

我們到了離馬斯垂克聖彼得堡洞窟很近的餐廳
這裡的餐點真是太好吃了～
麵包、鮭魚、薯條和冰淇淋真是太好吃了…

 The Vision into the eyes...

在我們要到餐廳前，遇到一位騎著馬的可愛小女孩

原本是只有一個人要和她合照，但她落落大方又活潑的樣子

後來一堆人搶著和她拍照…

這位小女孩和每一位照相都笑容十足…

說到這，我真的要好好重新學習她這樣天真無邪的樣子…

🕐 2:00pm

距離我們要參觀聖彼得堡洞窟還有半小時…

吃完美食後，心滿意足的四處照相；還看到美美的櫻花，

真是太幸福了～

2:30pm

我們的聖彼得堡洞窟導覽員出現了
現在我們要去洞窟裡探險囉…

 The Vision into the eyes...

聽說在前幾個月，洞窟的門一打開，
會有很多很多的蝙蝠飛出來…
現在蝙蝠都已經移居了…洞裡面完全沒有燈光，
僅僅靠著導覽員的三盞煤油燈維持我們的視線
嗚～好可怕…
在我一邊感到怕怕時也來介紹一下這個讓我覺得很神奇的洞窟…
聖彼得堡洞窟（Caves of Mount St. Pieter）範圍很大，
像迷宮般有著2萬多條通道：
　　給遊客參觀的只有幾公里的範圍…
　　洞窟內有很多化石卡在牆壁上，有貝殼或魚等等…
　　在很久很久前，我們現在所站著的洞窟內曾經還是大海呢
　　牆壁除了化石之外，也有很多壁畫…
　　敘述著遠古時期有恐龍那個年代的故事。

另外，後來也有工人在洞窟內工作，
工人在泥灰石塊牆壁上刻上名字以便領取工資
所以牆壁上也有很多名字刻在上面…

★這個不是烤麵包窯
　而是廁所喲

曾經，在拿破崙攻打馬斯垂克時，也有居民在這個洞窟內避難；
所以洞窟內也有避難的寢室和烤麵包的烤窯…甚至也有廁所…

263

洞窟內的溫度一直保持在溫度12度、濕度95度的狀況
無其他設備下，一般人在洞窟內最多能待三天。
八年前，曾經有兩名小孩到洞窟內玩耍卻找不到出口…
一個星期後，眾人找到這兩名小孩了，但回天乏術…
所以洞窟門口一定要隨時上鎖，免得又有小朋友誤闖。

最後，這個洞窟能通到比利時喔～神奇吧！
在這一小時左右的洞窟探險之旅

導覽員一度收起我們僅有的三盞煤油燈，
讓我們身處在黑漆漆的洞窟裡幾分鐘

★結束探險後贈送的徽章

體驗一下真正在洞窟內是怎樣的感覺…我握著我娘的手…
有點怕但又很安心…
這真是很特別的一趟探險之旅～～

3:40pm

洞窟探險結束了～真的很精彩耶！

帶著滿滿的驚歎離開這裡…哇～我真是太感動了～～

 5:20pm

從馬斯垂克→**恩多芬**（Eindhoven）

我們到了今晚要住的四星級飯店Hotel Mandarin Park Plaza

http://www.parkplaza.com/eindhovennl

The Vision into the eyes...

 6:00pm

小葉葉繼續帶著我們到飯店附近逛逛，同時也去超市買東西…

首先看到男士露天洗手間，高度很高耶…哇哈哈哈～超好笑的～

不知道亞洲男生能不能使用呢？ 噗ㄘ，好害羞喔^---^

一路上有著慶祝女王節的旗幟…

逛啊逛的，又看到了教堂…

比較特別的是，看到了熱食自動販賣機…

 6:40pm

再走回飯店另一邊去逛超市

★沿途街景

恩多芬（Eindhoven）這個城市是飛利浦（Philips）企業的發源地；
在超市裡可以看到清一色的飛利浦電燈泡，
但是我在超市裡看到更好玩的，
就是蔥…超大一根的…怎麼蔥到了國外也長大了？

來到超市，小葉葉介紹一種餅乾（Wafel）可以買回去試試看；
這種薄薄的Wafel餅夾著牛奶糖，
可以將Wafel餅放在熱茶或熱咖啡杯上，
讓熱氣將Wafel餅軟化，甜度減低後再吃。
因為小葉葉不斷強調這餅乾很甜，
所以我這位甜姐兒在此就沒有買回去了…

 7:20pm

回到剛剛的飯店吃晚餐…
晚餐也好好吃～每樣餐點都好棒～
尤其是薯條和蘑菇超好吃的～而且是吃到飽的…
今天的我真是太幸福了…連續吃到這麼好吃的料理…

晚上，
洗完熱水澡的我…
心滿意足的躺在床上回想這幾天所經歷的事…
光是今天早上我人仍在盧森堡，還路經德國及比利時，
中午在馬斯垂克，晚上卻身處在恩多芬
就感到很神奇呢～想著想著…我非常期待未來幾天的旅行…

2009.4.28
Day Six

現在的我已經開始不覺得在荷蘭時間6:00am起床是多麼辛苦了
在台灣現在是凌晨12點呢…是已經在床上乖乖歐歐眠的時間
一方面是生理時鐘調整過來了，
另一方面則是期待著今天要去哪裡玩…

 8:00am

現在我們要從恩多芬（Eindhoven）→庫勒穆勒美術館（Kröller Müller Museum）
我帶了很多今天要吃的零食（例如鱈魚香絲、科學麵）
一路上就和我娘在車上吃吃喝喝…
哇哈哈～真的很有遠足的感覺呢^0^

267

 9:10am

庫勒穆勒美術館位在荷蘭最大的De Hoge Veluwe國家公園裡：
我們還沒到美術館，但已經感受到何謂綠意盎然的氣息…
http://www.hogeveluwe.nl

Sculpture garden

info 12 masterpieces
2 maps
3 tips

The **Vision** into the **eyes**...

🕘 9:30am

遊覽車停在距離美術館很近的地方
美術館早上10:00才開，我們還有大約半小時的時間
可以在森林裡散步或騎騎腳踏車；
腳踏車的數目不多加上坐墊有點高，
身為小短腿的我打消了騎腳踏車的念頭…

我和我娘散步在森林中～享受一下這無人打擾的寧靜片刻…

那當下我真的感到太幸福太滿足了…

The **Vision** into the **eyes**...

🕙 10:00am

庫勒慕勒美術館（Kröller Müller Museum）
主要收藏19至20世紀的作品
尤其是梵谷的畫作，
數量僅次於位在阿姆斯特丹的梵谷美術館。
庫勒慕勒指的是美術館創辦人Helene Kröller-Müller，
她不斷的收集梵谷的作品，後來才有這間美術館的成立；
除此之外，美術館還有雕刻公園，
有很多藝術家的作品也都散佈在公園裡。

http://www.kmm.nl/?lang=en

我本身也很喜歡梵谷的作品：
因為梵谷的用色都很亮很搶眼，而且特別的是…
他的畫顯少使用到黑色的顏料
就連星空下的咖啡館這幅畫作，
天空不是黑色而是藍色…

11:00am

如果要認真的研究每幅畫作，真的會耗費相當多的體力與精神耶
光是走走看看隨意的欣賞…一小時左右的時間
我就已經眼睛疲勞外加腿癢…
什麼…還要參觀雕刻公園？還要走…〉〈

 The Vision into the eyes...

比較特別的大概就是Jean Dubuffet的
e-mail公園（Jardin d'émail）
這個白底有著黑線的建築可是要爬一小段陡峭的樓梯
到上面去，一上去後景色很特別：黑線指的就是網路吧，
作品要表達的就是網際網路與人的關係之類的。

當我們在雕刻公園逛到一半時，突然下雨了…Yeah～～～
立刻拿起昨天在馬斯垂克買的ESPRIT雨傘…
總算讓這雨傘派上用場哩^0^
這邊的作品實在太多了，
腿痠的狀態下實在也無力多欣賞這些作品…
開始滿腦子想要把最後的精力拿來逛紀念品店…
呵呵～可以買guide回家慢慢欣賞嘛…

★我的戰利品

是的，那麼現在我就來介紹一下我買了什麼紀念品嘿
美術館內的作品介紹這是一定要的，也買了幾本梵谷和莫內的介紹
還有梵谷的貼紙，最特別的是梵谷娃娃，他的左耳有用魔鬼氈黏住
黏住時是還沒割掉左耳的梵谷，撕開後就是割掉左耳的梵谷…
哇哈哈～這個好可愛喔…必買^----^

🕐 12:35pm

我們到了也是在國家公園內的餐廳用餐
午餐是吃道地的荷蘭煎餅，不太適應荷蘭煎餅的口味，
我只有吃一半就不想吃了
所幸還有我最愛的冰淇淋餅…一次俺就豪邁的喀掉了三大塊
外面的雨下的很大…而我還在高興昨天幸好有硬是買了傘…
哇哈哈～～

🕐 2:00pm

現在再上車到羊角村（Giethoorn）
下雨天是睡覺天，一上車沒多久就進入夢鄉了…

🕐 3:30pm

睡眼惺忪的睜開眼睛…
哇～這裡是哪裡啊～真美…
沒錯…我們到了有荷蘭威尼斯之稱的**羊角村**（Giethoorn）哩
聽說是因為13世紀初在當地發現許多羊角，所以才叫做羊角村。

稍候我們要搭船遊覽羊角村；可惜的是，雨還是沒有停…
我們的船蓋上屋頂…少了和煦的陽光…但多了一份浪漫的感覺…

275

一路上，看到很多用茅草做成的屋頂
熱情的船長說，這邊主要都是以船做為交通工具
離停車位最近的屋子也要一公里的距離，所以房價會比較貴一點。
提到房價，我們隨便看到的屋子都要50萬歐元左右…
如果再大一點或是離停車位近點的則要價100萬歐元。
咳咳～怎麼這麼貴呀…但悠哉的生活，無價…

熱情的船長還給我們看在這裡舉行婚禮的照片、
還有今年一月初覆蓋白雪的羊角村照片：
如果是這裡的居民結婚，
鄰居會幫忙把船佈置的都是花…
令人感覺在這裡結婚真好！

 4:40pm

下船後,再以步行的方式探索羊角村
一路上的景色很美,逛著逛著,
走到一個有著超多米飛兔的荷蘭鞋鞋的紀念品店
哇塞～怎麼這麼可愛啊～瘋狂大買～～～
我還在這裡選了一張卡片
打算過幾天送給司機Paul感謝他這幾天的辛勞。
當我們到紀念品店時,一度下起大雨;還好當我們要離開時,
又變成小雨了…

 5:25pm

帶著滿滿的米飛兔木靴鞋鞋離開羊角村…
羊角村,是這麼詩意盎然的地方,
深刻的印在我的腦海裡…

17:38　　　　　　　　　18:13　　　　　　　　18:14

 6:30pm

我們從羊角村到了荷蘭菲仕蘭省（Friesland）的**利塢華頓**（Leeuwarden）
也到了我們今晚要住的四星級飯店Bilderberg Oranje Hotel
http://www.edenoranjehotel.com/overview.aspx

279

這間飯店我覺得不論在服務還是設備方面都具備了六星級的水準
首先，飯店裡面有著電腦設備附免費的網路，旅客可以隨意的上網…
稍候我們也會在這飯店裡用餐，服務人員的態度都非常的親切，
隨時帶著笑容…
另外，這間飯店提供非常多的雜誌和報紙，想看多少就看多少…
還有還有，不像前幾天住的飯店，
都是由電視自動發出"嘟嘟嘟嘟"的聲音：
這間飯店的morning call是很好聽的音樂，
一早起床就聽到這麼柔和的樂音很舒服，
捨不得關電視。
總之，這間飯店讓我留下非常好的印象…
小費自然也給得多一些…
我還在飯店意見卡上感謝他們提供這麼優質的服務呢～～

★飯店的創意簡介

6:50pm

現在從雨天變成陰天…雨停了^--^

我們在飯店門口集合，小葉葉再度要帶著我們到飯店附近走走…

雖然腿痠的情形很嚴重…但一定要歡樂相隨的啦～～

說到這，小葉葉真的很貼心…

一直很熱情地帶我們到處參觀…和她的名字很不搭耶

玫欣=沒心^--^

這間飯店就在利塢華頓車站對面…

走著走著，看到一間怪怪的建築，
怎麼給他粉像義大利的比薩斜塔呀…
呵呵～這裡是利塢華頓的**老地方斜塔**（Oldehove）
因為地層下陷才變成斜斜的…

眼睛 The Vision into the eyes...

走到一半，天氣又從陰天轉變為小雨…
不怕不怕，我有在馬斯垂克買的雨傘…哇哈哈哈哈^0^

 7:45pm

逛完飯店附近之後來吃頓好料的… 這是一定要的～

今天的晚餐每道都很好吃，還有我最愛的冰淇淋；

在餐桌上聊天聊的很愉快，所以吃到晚上9:50左右才準備離開餐桌…

 10:10pm

在大廳上網一下，等我回到房間後已經10點多哩

洗完澡再整理一下行李也都快大半夜了…

直覺性的拿起行程表看看…

天哪…我們已經玩了這麼多天了喔？？

原來這趟旅程剩沒幾天了…不要啦～人家還想再多玩個幾星期…＞＜

2009.4.29

Day Seven

 8:00am

和這個我覺得服務超好的飯店說再見後

我們要坐一小時左右的車,從利塢華頓到**北海大堤**(Afsluitdijk)

The Vision into the eyes...

北海大堤是由石塊堆成的,把海水分為兩邊:

一邊是瓦登海,另一邊則是已經變成淡水湖的艾塞湖…

從外海硬生生變成內陸湖,很有創意吧!

9:00am

遊覽車開到了北海大堤旁的小車道
一下車後…天哪～怎麼那麼多蚊子～嚇了我一大跳，
這時候可千萬不能開口>＜
快速的跑到橋上…蚊子少一點了，
車流就在我腳下流動…感覺好刺激喔
看完了北海大堤，真的覺得荷蘭人與海爭地真是太厲害了
這個工程還真是浩大，帥呀！

9:25am

再度快步閃回遊覽車…哇哩咧～這邊的蚊子也太多了吧？？
我往遊覽車窗戶一拍，就有5隻蚊子黏在窗戶外呢～
真是一個毛骨悚然…>＜

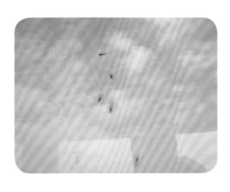

The Vision into the eyes...

🕘 9:30am

現在我們要去霍恩（Hoorn）搭蒸氣火車
還沒坐火車…一路上就看到一片一片的花田…
美不勝收～

★蒸汽火車站的入口

★火車站前站

🕙 10:00am

看著花田，"哇～哇～～"聲不斷此起彼落…
我們到了要坐蒸汽火車的入口，先排隊上個洗手間
在坐火車前，小葉葉要帶我們去逛超市…
她要買讓我們在火車上能享用的Wafel餅乾…喔～真是太貼心了…

 10:30am

參觀一下入口旁的小商店…
裡面有很多和蒸氣火車相關的收藏品，
但賣的卻都是湯姆士小火車的商品…

 10:35am

我們進入月台裡，在坐火車之前…
我們還能參觀一下火車博物館

★蒸汽火車搭乘使用手冊

★ 還有玩具火車呢！

★團員在火車頭內與工作人員合影

The Vision into the eyes...

★曼玻魚媽和曼玻魚
　與穿著百年服飾的義工合影

 11:00am

火車要開了…哇～這裡的煤油味超重的…

嗯嗯～很好～很復古…

坐上車沒多久…小葉葉讓我們都坐在同一個車廂

而我的對面坐著一個外國人，因為整個車廂都是亞洲人的臉孔…
她特別明顯…小葉葉和她聊一下…什麼？我也有聽到…她是記者～
我見她拿著筆寫啊寫的…該不會是想採訪我們吧…
剛開始我不太敢跟她說話，應該說我不知該如何開頭…
默默的看著火車窗外的風景～

她還真的要報導我們耶…
一直到火車暫停時，她需要一些照片
這樣啊…會登報呀～那我很自告奮勇當模特兒呢～
哇哈哈^----^
於是乎她幫我拍了好幾張 "俺不做作" 的照片…

等我們回到火車上，這時我開始跟她短暫的聊一下…
我問她是哪一間報社的，慎重起見我還特地請她寫了下來
也問了關於我們的報導何時能在報紙上看到…
她說明天就可以看到了… 啷呼～超期待的啦～
她也請我寫下我的名字，我可是中英文都寫喔～
我也問了她的名字，她叫Yvette Dÿkmon

★記者Yvette與曼玻魚媽在火車廂內合影

小葉葉把Wafel餅和咖啡端過來了…
因為她之前不斷的強調很甜，
我一直認為Wafel是很甜的…
結果一吃…不會很甜啊…
超好吃的呢…

我邊吃邊向她讚美荷蘭真是美麗；
同時也介紹咱們台灣，請她有機會也到台灣來參觀
厚～我超得意的…做了一次良好的國民外交…咯咯咯～
同時間，在車上我們還遇見火車義工和她的老公…
她向我們介紹她身上的百年歷史服飾…
呵呵～整個車廂好熱鬧喔…

 12:30pm
火車已經從霍恩（Hoorn）到了**梅德布雷克**（Medemblik）
也是時候和Yvette說再見了…
看到這麼美麗的風景、吃到好吃的Wafel餅乾、
意外的遇見感情這麼好的義工夫婦和Yvette
這趟蒸氣火車之旅實在太棒了！！

★留下記者Yvette美麗倩影與回憶

★火車義工和她的老公笑的好燦爛

★應Yvette要求，曼玻魚拍了"供上報用"的照片^-^

11:55

12:06

12:06

 12:45pm

現在我們上車準備到**沃倫丹**（Volendam）吃午餐

往沃倫丹的一路上，景色都很風光明媚

啊～心情好好～

不知等一下要去的沃倫丹是長什麼樣子…

The Vision into the eyes...

 1:30pm

我們到了**沃倫丹**（Volendam）

沃倫丹是個漁港，我們現在經過的沿路有餐廳、紀念品店

我已經迫不及待想下車去看看了…

 1:40pm

我們到餐廳吃自助式午餐

小葉葉說吃完午餐後就自行去逛街，3點整在遊覽車內集合

我估算了一下，午餐不能吃太久，

不然我要照相又要買東西的話時間會不夠；

所以隨便吃一下連甜點都沒動就起身逛街去了…

The Vision into the eyes...

 2:05pm

由於實在是太多間紀念品店了，
我打算邊照相邊看有什麼可以買的
沒想到這一看…發現價格之混亂…
多比較個幾間店會有不同的收穫喔～
例如同樣是藍色木靴，
前面一點的商店比後面一點的商店便宜1歐元
又，紅色木靴本身比藍色的貴一些；
但後面的商店卻比前面的商店再便宜個幾角
所以在此，比價也是一種樂趣；只是要注意時間，
別忘了還要繞回遊覽車那兒。

🕒 3:00pm

我買了大包小包的紀念品
看完整條街比完價後就快狠準的亂買一通，
哇哈哈～我已經不願意再想
歐元和台幣的匯率是多少…^0^

★買了不少紀念品哦！

等一下我們坐車到阿姆斯特丹（Amsterdam），

因為明兒個是女王節，鐵定超多人的～所以要更改一下行程…

把明天要坐的玻璃船行程挪到今天下午…

來荷蘭玩一遭了…我都還沒機會看看阿姆斯特丹一眼呢

太好了～我很期待稍候的玻璃船行程。

The Vision into the eyes...

 3:45pm

我們已經到了阿姆斯特丹了…還看到了**中央車站**（Centraal Station）

順帶一提，阿姆斯特丹的象徵是XXX：分別代表水、火和鼠疫。

🕐 3:55pm

一下車…哇塞～看到一個立體停車場，

每一層都停了滿滿的腳踏車～

怎麼數量這麼多啊？

真是太妙了～那要怎樣認出哪台腳踏車是自己的？

★搭乘玻璃船的售票亭

🕐 4:05pm

我們坐上了玻璃船，這玻璃船也太國際化了，

一次播放四種語言介紹…

現在我們要乘著運河觀光阿姆斯特丹了^-^

299

介紹的內容會因船開的速度而有lag，

輪到中文介紹提到某棟建築物

建築物已經不在介紹提到的左側邊了，也許在後面或者還沒到…

 5:15pm

結束在運河上的觀光了…

在這一小時，我很努力聽著介紹及不斷的拍照…

注意力太集中的結果…就是累翻了～

5:25pm

坐在遊覽車上的我真是累翻了～
一路上可以看到很多建築物開始佈置橘色物品準備慶祝女王節了…
好有過節的氣氛喔～我娘碰巧有帶一件橘色的衣服，但我沒有啊…
人家也好想要有一件橘色的衣服過過節喔～

 5:40pm

我們到了**水霸廣場**（Dam Square）
由於明兒個就是女王節了，所以這裡超～熱鬧的～～
連摩天輪都搬出來了，
這可是一年一度才有的熱鬧景象耶！

The Vision into the eyes...

聽說這個舊皇宮最早是市政廳，
後來拿破崙佔領荷蘭時變成皇宮，
現在用來接待外賓。
當時，舊皇宮用了1萬多根木樁組成，
還號稱是那個年代的奇景…
由於有看起來很好玩的怪設施
嚴重擋到**舊皇宮**（Koninklijk Paleis），
看得不是很清楚…
算了，魚與熊掌不可兼得咩～
我們再過去對面看一根粗粗的紀念碑，
是紀念二次大戰的犧牲者。

 5:45pm

小葉葉讓我們自由在水霸廣場逛逛，

自行在6:20pm到餐館用餐

Yeah～我的機會來了～～人家想要買橘色的衣服啦＞＜

所以我娘、小雅、小英一起陪曼玻魚找橘色衣衣…

東看西看都沒有喜歡的，再走遠一點…

哇哈哈～有一件超可愛的橘色T-shirt耶～

上面是女王的Q版

好可愛喔～立刻就決定買下這件～

所謂"心想事成"，超高興買到這件T-shirt，

一起來狂歡女王節^-^

 6:20pm

超級心滿意足的走到餐館…好高興好高興喔…

我娘OS：是人家生日，妳在高興什麼勁啦～

這頓中式晚餐我沒什麼心思吃…

一來還在高興買到可愛的橘色T-shirt，

二來聽說等一下小葉葉要帶我們去看看

紅燈區（Red-Light District）

可以光明正大去瞧瞧性文化，

真是太期待了～咯咯咯～

301

 7:05pm

The Vision into the eyes...

現在我們要去參觀所謂的 **紅燈區** 了

雖然已經七點了～但外頭還很亮呢⋯

一點都沒有 "紅燈區" 的感覺⋯只見街上處處都在佈置橘色物品⋯

結果走了一大圈的結局是：什麼也沒看到。

怎麼這樣⋯失望ing⋯

有啦～有看到少數幾個櫥窗女子，

大部份的櫥窗沒有人不然就是拉上紅色窗廉⋯

小葉葉說可能現在是晚餐時間⋯櫥窗女郎都去用餐了⋯

★露天計程車

303

 8:00pm

我們坐上遊覽車要到今晚要住的五星級飯店Radisson SAS Airport

http://www.radissonblu.com/hotel-amsterdamairport

在車上，我臨時知道今天是Paul帶我們觀光的最後一天

之後就換別的司機了…真是糟糕，我的卡片不知收在哪裡了…

而且還沒有貼紙…><

8:40pm

趁著小葉葉在check-in時
我找到要給Paul的卡片了，也寫好內容準備送給他～
說真的，這位從比利時來的保羅大叔開車技術真是好的沒話說…

我親自將卡片送給保羅大叔，把我的感謝傳達給他～
也希望他對台灣有個良好印象…
看得出來他有點驚訝…我們小小聊了幾句…
後來他還和我握手呢…
唉呀～還真是不習慣這種離別的場面呢…

今晚我舒舒服服的泡了很久的熱水澡，徹底的把疲勞洗掉…
因為明天還是住在這裡…
洗完澡後，我把所有的行李和紀念品都放在櫃子裡…
心血來潮乾脆來為所有的紀念品來拍照好了…
等到上床睡時，已經是零晨12點多了…
明天已經是這趟旅程的最後一天耶…
不捨之中又期待著明天報紙的出現、還有穿上我的橘色T-shirt…

2009.4.30
Day Eight

雖然說今天比平常早個半小時就要集合
但是今天一早不用收行李的狀況下，
身心靈大放鬆…睡得比平常還晚一點點才起床…^-^

因為Keukenhof，我今天有腿瘸的心理準備
昨晚還特別按摩一下小腿…今天也準備好了登山枴杖…
還帶了很多零食在包包裡…哇哈哈～我準備好了^0^

去吃早餐的時候，顯然其他的人都沒有很融入女王節的氣氛中
似乎只有我穿著很亮的橘色…
其中一位戴著橘色領帶的服務人員還特地走到我前面
告訴我為什麼要穿橘色衣服的原因
我跟他說我早就知道這個原因了，所以我也想一起慶祝。

★博物館網站首頁

7:30am
今天的第一個行程是**國立博物館**（Rijks Museum）
http://www.rijksmuseum.nl
一路上並沒有小葉葉所說的那麼多人…
Oh～是因為現在才早上7：30
但是依稀看得到一些橘色威力和準備擺攤子的人
女王節這一天，每個人都可以找個地方賣想賣的東西，通通不用繳稅…
所以這天在街道上會有好多跳蚤攤位…

8:20am

我們已經到了**國立博物館**前面了，但是…
博物館要9:00am才開耶～
？ ？
會不會來太早了呀？
多出來的這段40分鐘，給我們自由晃…
在曼玻魚和小雅、小英討論要去哪時，
有一群穿著一身橘的女生走了過來…
她們超大方又熱情的～
呵呵，似乎也有些感受到她們的好心情呢！

就在國家博物館的附近有個收藏最多梵谷作品的梵谷博物館，
不過我們前天已經參觀過庫勒慕勒美術館看過梵谷的畫作，
所以沒有排這個行程…
但還是走過去拍一下外觀，來個到此一遊的紀念吧…

就這樣隨意的走在梵谷博物館附近，時間也過得很快…
突然意識到我們似乎還沒拍國家博物館呢…
再慢慢的走回去

307

9:00am

聽說博物館還在進行整修，
所以我們只有參觀菲力普廳（Philips Wing）
裡面的作品…
老實說，我並不懂得如何欣賞畫作；
就算是喜歡梵谷的畫作，也是走走看看就過去了…
一直到後來，當我走進博物館內看到了這些17世紀
荷蘭畫家的作品
內心的感動和激動很難用文字來形容…

在此也非常謝謝導覽鄭小姐對於作品非常完整的解說
讓我再次對於畫的認識有所增長，尤其是靜物畫…

不過，從8:20am下車至今～我們都是在走路或是站著…
我還沒到Keukenhof，現在就小小有著腿痠的感覺～
再等鄭小姐她們買票…，正式開始參觀的時間已經是9:30am

我那時已經很確定腿超酸的；別說走不太動，
甚至有點站不住～趕快找個地方坐下來…
也因為這樣，我沒有認真欣賞鄭小姐介紹的第一幅畫
光一幅畫，鄭小姐可以介紹5至15分鐘…真厲害的～

讓我完全忘記腿痠整個認真的看一幅畫的是
Willem Claesz Heda的 *Still life with gilt goblet*
真是太美了～他怎麼能畫的這麼逼真

真正放在博物館內的作品是如此的栩栩如生，
是任何圖片或印刷品都無法表達的美感。

★Willem Claesz Heda
Still life with gilt goblet 1635
鍍金酒杯靜物

還有林布蘭（Rembrandt Hamensz Van Rijn）的作品，
Portrait of Johannes Wtenbogaert
林布蘭有著"光與影的畫家"之稱，
在年紀早早時就開始展現才華。

作品都會有一個要突顯的地方，
鄭小姐說這幅畫的重點在於臉；
所以在手的筋脈表現上，
沒有剛剛我們欣賞林布蘭畫自己媽媽那幅那樣來的細緻。

★Rembrandt Hamensz Van Rijn
Portrait of Johannes Wtenbogaert 1633
大臣畫像

林布蘭的作品*De nachtwacht*，
這幅畫被喻為世界三大名畫之一；
為保存畫作，而塗上厚重的畫料
顏色偏暗，以為是晚上的景象，
但其實是畫白天的情景。

★Rembrandt Hamensz Van Rijn
De nachtwacht 1642
夜鷺

309

還有Dirck Hals的*The fête champêtre*
這幅油畫也畫得很生動，裡面隱藏了很多的暗喻；
例如裡面有隻猴子被鐵鏈綁住，暗喻這些貴族們就像這隻猴子一樣，
被很多事物綁住受到拘束不自由。

★Dirck Hals
The fête champêtre

★ Frans Hals
Wedding portrait of Isaac Abrahamsz Massa and
Beatrix van der Laen 1622
結婚畫像

Frans Hals的*Wedding portrait of Isaac Abrahamsz Massa and Beatrix van der Laen*

這是一位叫Beatrix和Isaac結婚的合照：

背後的藤蔓代表著綿綿的愛意，

但是在樹右邊有個瓷器代表著婚姻若是不好好經營也是很容易破碎。

我們參觀博物館的這天，

還有從美國華盛頓博物館借來展覽維米爾（Vermeer）的真跡

De dame met de weegschaal

鄭小姐直呼我們賺到了！可是啊～那時已經站了好久…

我的腿已經酸的一個境界哩啦…

沒辦法再繼續認真的欣賞維米爾的畫作…

我們預計11:00am就要結束參觀博物館的行程

趁著最後一點時間，到紀念品商店買本導覽回家慢慢欣賞：

商店裡有很多剛剛看過的畫明信片，但是一看過真跡之後，

莫名的覺得印刷品很不優…

★ 維米爾展覽的畫作簡介

離開博物館時，看到博物館外牆有著廣告…

哈哈～現在我一看就知道這是維米爾的作品*De Keukenmeid*

這可是維米爾使用自己所喜愛的藍色和黃色，

畫出在廚房倒牛奶的女生姿態

就在這個時候，

內心有股衝動想要好好的研究這些17世紀荷蘭畫家們的作品

也希望未來我還能有機會再到一次這個博物館好好地看看…

邊還在感動之餘～邊走到附近的鑽石切割工廠（Coster Diamonds）

一進去切割工廠內

就看得到他們曾經加工英國皇室加冕皇冠上的那顆鑽石複製品

接著就是一連串我沒什麼興趣的鑽石歷史介紹等等

311

我滿腦子想找個地方坐著…

等啊等的，再換個地方介紹，我們走到了樓上：

現在是切割工廠的人介紹鑽石4C的時間，

這時候他們拿出了一顆顆的鑽石給大家看…

隨便～能休息最重要…

等好久之後，終於可以下樓往出口的方向走了…

他們有賣很多各式各樣很可愛的小皇冠，我對這些小皇冠很有興趣

價錢不是很貴，每頂小皇冠換算台幣大約在1500-2000元上下：

只是沒什麼時間逛了也就作罷… 呵呵～我娘一直在旁邊很擔心她

女兒又會花大錢…

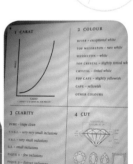

 11:50am

我們從切割工廠這兒走向那一邊等遊覽車來的時候
現在就真的開始很有過女王節的氣氛了喔～
熱情+橘色+路邊攤…

和博物館導覽鄭小姐說再見之後，
現在要朝本次行程重點的庫肯霍夫花園（Keukenhof）邁進了…
Yeah～謝天謝地終於能好好的坐著了～
我個人覺得我的小腿和大腿是快要分離的狀態…
一路上我吃了一堆零食：科學麵、巧克力、紫蘇餅乾等等…
真是大滿足～

 12:45pm

到了夢幻的**Keukenhof花園**了…今年是Keukenhof的第60週年。

★Keukenhof花園美麗的雙向翻頁介紹

🕐 1:00pm

一進去Keukenhof…就又開始"哇～哇～～"個不停…

這邊的花也真是太多太美了吧～～開始拿起相機拍個不停…

The **Vision** into the **eyes**...

今天的行程是不包含午餐的，
也就是說我們要自行在Keukenhof裡面找東西吃；
但是一路上光是卡位拍照就沒時間用餐了，
小葉葉和我們約3:50pm在風車那兒集合
所以我們其實也才只有2個多小時能逛這個花園～時間太緊迫了…
走到半路，先買個草莓奶油給我娘吃吃…

我呢，則是繼續努力不斷拍呀拍的…拍人也拍風景…
再拍了一陣子…真的好累喔～不斷走路和拍照的結果…
再度的腿癱+手殘…
決定隨便買個三明治填飽肚子，
我只是買兩個三明治加一瓶礦泉水就要台幣500元了呢～
用很快速的時間三兩下就吃完，現在有點精神了…
臨時決定再回去買個冰淇淋來吃，這支草莓冰淇淋超大又好吃^-^

我坐在Keukenhof的其中一角，看著花、吃著冰～
這樣愜意的休息對時間來說真是太浪費了…
可是…那個當下…我就是想休息了…

休息後再往風車的方向慢慢走
進來Keukenhof之後，我的視野所及就是一團團的鮮艷的花朵…
要不是有這些花朵，我肯定是走不到風車那邊了…好累喔～～

🕐 3:50pm

終於讓我給走到了風車這兒了，我們要在這裡坐小船繞一圈
原本行程上是沒有安排在Keukenhof這裡坐小船的；
小葉葉說這是多送給我們的禮物～
一個人的船票要價7歐元耶！嗯嗯…這禮物我們收下了^-^

🕐 4:10pm

坐上了小船，盡管風很大涼意十足～一開始還覺得很新鮮…
看看綠色農田、小鴨小鳥在附近陪伴…感到心曠神怡…

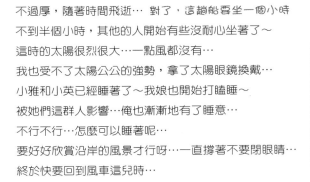

不過厚，隨著時間飛逝… 對了，這趟船要坐一個小時
不到半個小時，其他的人開始有些沒耐心坐著了～
這時的太陽很烈很大…一點風都沒有…
我也受不了太陽公公的強勢，拿了太陽眼鏡換戴…
小雅和小英已經睡著了～我娘也開始打瞌睡～
被她們這群人影響…俺也漸漸地有了睡意…
不行不行…怎麼可以睡著了呢…
要好好欣賞沿岸的風景才行呀…一直撐著不要閉眼睛…
終於快要回到風車這兒時…
啊咧？
怎麼船開始停頓了？咦？還倒退嚕？
什麼？？船的引擎壞掉了？？

319

一行人是巴不得趕快加緊速度回到風車那兒
卻沒想到船反而慢了下來還順著水流倒走…
哇哈哈哈～曼玻魚忍不住覺得好笑～還因此精神好了起來…

小葉葉已經跟餐廳訂好6點整的時段用餐；
現在已經是5:20pm，怎麼可能6點準時到呢？
後來船長打算用划船的方式划回去，所幸引擎又莫名奇妙的正常了…

★引擎停頓時，船長正努力的以木棍划船

一下船後，小葉葉就以飛快的速度帶我們走回Keukenhof的門口…

她也走太快了吧…跟不上跟不上哩>＜

 6:00pm

現在我們剛從Keukenhof離開，

要往阿姆斯特丹中央車站附近的海上皇宮用餐

坐在遊覽車內，很難形容身心靈大放鬆是怎樣的感覺…

今天一路上要拍照、對焦、找位、排隊；

站的比坐著的時間多，走的路程也多，不斷地腿瘸又腿瘸…

我的右手腕也有夠酸的…

 6:50pm

我們到了海上皇宮附近，還得走一段路才能到海上皇宮用餐

我坐了50分鐘的車，腿休息了之後，反而更走不動了～

怎麼辦呢…我是真的走不動了呢…

有柺杖也一樣，有人扶也一樣，就是走不動了嘛…

結果，冰雪聰明的我，是用跳的跳到海上皇宮那兒去…

哇哈哈～有沒有聰明…走不動就用跳的好了…it's work！

今天這頓晚餐，是這趟旅行中最後在荷蘭一起用餐了

明天早上就要搭飛機回家了

整天下來…理應饑腸轆轆…餓得可以吃下一頭牛才對…

但是累過頭了…反而吃不太下…餐點反倒是柳橙汁最對味。

321

7:50pm

我們要回飯店了

坐在車上，心情就在不想回去及又想回去的感覺中起伏…

因為捨不得…所以不想回去；又因為想家，想回去了…

在這樣反覆的心情中…

我拿起了早上買的博物館導覽翻翻看看，很快就到了飯店…

看到這裡，大家有沒有忘了報紙這件事？

事實上，我從早上就關切報紙很久了；

但是今天是女王節，大部份的商店都關門了，

只有中央車站前的商店有開。

早上我們在國家博物館時，小葉葉有到附近的商店找，

不是沒開就是沒賣…

我在Keukenhof也有找一下，

就是沒有賣Noord hollands Dogblad這份報紙＞＜

現在只剩下飯店這線希望，所以一回到飯店後…

我立刻走到服務台那兒問看看有沒有Dogblad這份報紙，

還是沒有…

小葉葉還特地回到中央車站那裡找，結果仍是找不到…

唉呀呀～真是可惜…

搞不好有不少我的照片和報導耶…

"從台灣來的旅行團來到霍恩坐蒸汽火車賞花田…

還有友善的義工夫妻在車廂內，

一路上大家喝咖啡吃餅乾好不熱鬧…

團員中還有來自銀行甜美又親切的理專…"

呵呵～想到就興奮耶～真是可惜沒找到這份報紙＞＜

就這樣…這趟旅行已經要結束了…

晚上整理行李時，拿出在小孩提防買的木鞋、布魯日買的小房屋

在羊角村買的米飛兔木鞋、馬斯垂克買的雨傘…

這幾天的思緒和回憶又回來了～

我拿著地圖再看了一次

從海牙（Den Haag）為起點→鹿特丹（Rotterdam）→比利時

布魯日（Belgique Brugge）→布魯塞爾（Brussel）→盧森堡

（Luxembourg）→萊斯（Lesse）→馬斯垂克（Maastricht）

→恩多芬（Eindhoven）→森林國家公園（De Hoge Veluwe）

→羊角村（Giethoorn）→利塢華頓（Leeuwarden）→沃倫丹

（Volendam）→最後回到阿姆斯特丹（Amsterdam）

現在…

這些地名對我來說一點也不陌生了

帶著滿滿的回憶和戰果豐收的紀念品，

今晚的我睡得格外香甜…

323

2009.5.1
Day Nine

★史基浦機場買的米飛兔筆筆

其實史基浦機場離我們住的飯店很近很近；
但是小葉葉說還是一樣8點集合，
我們早點check-in就可以盡情的多逛逛機場

到了機場先check-in，再去退稅及排隊檢查完證件之後…
現在要來好好的來逛一下史基浦機場的免稅商店哩
我在這邊買了4張明信片、2個荷蘭航空飛機小模型、
4枝米飛兔的筆、一大盒Wafel餅乾、2瓶礦泉水
呵呵～又是大包小包的提袋…

The Vision into the eyes...

★Wafel餅乾

★荷蘭航空飛機模型

★Wafel餅乾

★在荷蘭機場的購物袋

★機場設施簡介

325

★機場設施簡介

🕐 12:20pm

飛機起飛了。再見了～這個讓我帶走一堆美好回憶的荷蘭…
這回我準備十足：護唇膏、小乳液、
鬆垮垮的保暖棉襪、隨時都可以喝的礦泉水…
快速的吃完飛機餐後就睡著了，
來的時候我已經研究好有哪幾種睡姿最好睡：
現在完全的套用上，十幾個飛行小時中，
幾乎是睡到快到泰國時才醒來…

★機場商店簡介

2009.5.2

Day Ten

睡著睡著已經是5月2日了…
快到泰國時，我將手錶調整為泰國的時間
我們大約是4點多的時候下飛機的吧
上次在泰國轉機時是深夜，現在在泰國是早晨，
都是一個沒什麼人的狀態
這回我在泰國買了一隻肥嘟嘟很可愛的大象，泰幣199元。

5:30am （曼谷時間）

坐在機場裡等著上飛機時…看到了日出…
很久很久沒看到日出了呢…真是很愉快呀～
一想到再過幾個小時就可以回到家…
心情更是爽朗了起來～～

The **Vision** into the **eyes**…

10:30am （台灣時間）

下飛機以後心思都是直奔到高鐵買票回家，
還有買摩斯漢堡當午餐：
似乎從前天在阿姆斯特丹開始就沒好好的大吃一頓了…
我現在是真的餓到一個境界了～～～
我買了炸雞、薯條、米漢堡、可樂…提了兩大袋，
心滿意足的坐著高鐵回家去…
不到下午2點就回到高雄溫暖的家了。

一回到家的第一件事就是回房間→開冷氣→繼續睡…
就這樣，結束我的荷比盧十天的旅行…

★在泰國轉機時買大象送的購物袋

這次去荷蘭遊玩，
帶給我非常多不同的想法…

在海牙梅斯達格美術館所看的全景畫、
在庫勒慕勒美術館所看的梵谷畫
以及在阿姆斯特丹國家博物館見識到林布蘭等17世紀畫家的靜物畫
讓我在畫的藝術中長進了不少…

一路上參觀了很多風景優美的景點和好多好多的教堂…
黃金廣場、滑鐵盧…等地讓我想好好研究一下歐洲歷史；
外國史對過去的我來說，就只是為了要考試用的…
就是背書，沒有什麼太大的興趣；
但現在不一樣了，我想深入瞭解荷比盧和法國的關係是如何如何…
也想知道黃金廣場內每個建築物的故事…
雨果是怎麼稱讚這廣場的…

整個旅程中，也吃到了很多好吃的食物；
薯條、鮭魚、冰淇淋、也嚐試了啤酒…
這幾天，我每天的早餐都一定是火腿、蒸蛋、蘑菇再加杯柳橙汁…
剛開始有點不習慣，漸漸地也適應了…反而還覺得蘑菇很好吃呢～

因為去年去北海道時沒看到花海…
今年真的是彌補了去年的遺憾；
看到了大朵小朵的花田和花海，花團錦簇之下，
所有的煩惱都一掃而空

這回遇到了Yvette和Paul，
讓我有機會介紹自己的國家，這種感覺真好～
這次的經驗讓我記得在空閒時要多些準備，
再把台灣更多的美麗和特色向外國人分享。

由於荷比盧地理位置的關係，
他們除了荷蘭語、英語、法語、德語都是相通的；
尤其是法語，這裡使用的頻率很高耶…
在大學時我也修過法語和德語課，可是都快忘的差不多了
虧我還學了法語兩年呢！
這趟旅行，讓我又恢復了學好法語和德語的動力…

綜合上述，我發現我要學的東西是這樣的多…覺得我好渺小…
要開拓的視野還有很多很多…我也學會讓自己更謙虛！！

最重要的是，一路上有好多好朋友一起遊玩
我認識了在美國航空上班的小雅，
她做的是幾乎每位女生都很羨慕的空姐工作；
但是聽她說工作甘苦談之後，很羨慕她的工作福利之餘…
我還是覺得自己的工作最好…
是呀…突然之間惜福了起來…^^
還有小英、很恩愛的朱爸爸朱媽媽、
常常說故事給予我們歡笑的何主任、
已經去過105個國家的陳經理、搞笑的討厭鬼路人乙、
還有又吵又熱情的小葉葉…
如往常一樣，很感謝老天爺讓我很幸運的認識到不同的人
這些一起遊玩的人，才是這趟旅行中最大的收穫…

接下來的日子裡…俺都要更努力賺＄＄…準備下一次出國的旅費
期待下一次的出國旅行…遇見新的人～事～物……

跳回魚缸～Get ready～Work Smart～

國家圖書館出版品預行編目資料

眼睛：一個理專的五個旅遊心情故事 / 曼玻魚 作.
-- 初版. -- 臺北市：博客思, 2009. 10
面；公分. --
ISBN 978-986-6589-10-2（平裝）
1. 遊記　2. 旅遊文學　3. 世界地理
719　　　　　　　　　　　　　　98017657

眼睛

旅遊生活叢書 3

作者＆攝影 ：曼玻魚
責任編輯：黃子瑜
封面＆內頁視覺設計插畫：張凌綺

出版：博客思出版事業網
地址：台北市中正區開封街一段20號4樓
電話：(02)2331-1675　傳真：(02)2382-6225
劃撥帳號：蘭臺出版社18995335

總經銷：成信文化事業股份有限公司
香港總代理：香港聯合零售有限公司
地址：香港新界大蒲汀麗路36號中華商務印刷大樓
　　　　C&C Building, 36, Ting Lai Road, Tai Po, New Territories
電話：(852)2150-2100　傳真：(852)2356-0735
出版日期：2009年10月初版
ISBN　978-986-6589-10-2

定價：新臺幣350元